COLLECTION FOLIO

Tchouang-tseu

Joie suprême

et autres textes

*Traduit du chinois et annoté
par Liou Kia-hway*

Gallimard / Unesco

Ces textes sont les chapitres XII, XIII, XVIII, XIX, XXX et XXXI extraits de l'*Œuvre complète* (Folio Essais n° 556), ouvrage originellement paru dans la collection Unesco d'œuvres représentatives, série chinoise, publiée sous les auspices de l'Unesco avec la coopération des experts du Conseil international de la Philosophie et des Sciences Humaines et de M. Étiemble, représentant les Éditions Gallimard.

Conformément aux règlements de l'Unesco, cette traduction a été relue par le professeur Paul Demiéville.

© Unesco, 1969,
pour la traduction française et les notes.

Tchouang-tseu (vers 369 — vers 286 av. J.-C.) était originaire de la ville de Mong, dans l'État de Song, où il fut un temps fonctionnaire dans une manufacture de laque. Érudit au vaste savoir et penseur profond, ses idées très personnelles ne furent pas appréciées par les grands de son temps. Ayant méprisé toute fonction publique, il demeura tout le reste de son existence caché dans l'ombre, dans une grande pauvreté, afin de vivre selon son cœur et de mettre en pratique sa doctrine. Dernier grand taoïste de l'Antiquité, il pose le problème du mal sous toutes ses formes. Tchouang-tseu pense que la cause profonde des maux humains vient de la partialité des hommes : il s'agit de surmonter tous les artifices de l'intelligence humaine morcelante, pour laquelle penser, c'est toujours découper arbitrairement le réel, dont l'essence est une et indivisible. Sa doctrine vise donc à retrouver le bonheur primitif de l'humanité plongée dans le bonheur universel, en harmonie avec le tao qui, tel un grand maître parfaitement juste et bon, façonne et contrôle tout l'univers, permettant à chaque être, quelles que soient sa taille, son importance, de parvenir à sa perfection propre. Cette recherche se décline dans son *Œuvre complète* en courts chapitres, dont les passages les plus denses, à la fois spéculatifs et poétiques, sont illustrés et éclairés par de courtes histoires et anecdotes édifiantes.

CIEL ET TERRE

Malgré leur immensité, le ciel et la terre subissent la même loi d'évolution ; en dépit de leur multiplicité, tous les êtres relèvent d'un ordre unique ; malgré leur nombre, tous les hommes sont soumis à leur prince. Le prince tire son principe de la vertu et se parfait dans le ciel. Ainsi il est dit : « Le prince de la haute antiquité gouvernait le monde par le non-agir et s'identifiait avec la vertu du ciel[1]. »

Si le nom se conforme au Tao, les princes du monde se rectifient d'eux-mêmes ; si la hiérarchie se conforme au Tao, le prince et ses ministres connaissent leurs devoirs respectifs ; si les capacités sont évaluées selon le Tao, les fonctionnaires de l'État remplissent bien leurs tâches ; si tout se conforme au Tao, les dix mille êtres jouent leur rôle propre.

Ce qui s'identifie avec le ciel est le Tao ; ce

1. La vertu du ciel indique l'opération spontanée de la nature qui s'oppose à l'effort artificiel de l'homme.

qui s'adapte à la terre est la vertu ; ce qui se réalise dans tous les êtres est la convenance ; ce par quoi le souverain gouverne les hommes constitue la tâche de l'État ; les capacités techniques donnent naissance aux artisans. Les arts sont compris dans les tâches de l'État, celles-ci dans la convenance, la convenance dans la vertu, la vertu dans le Tao et le Tao dans le ciel. Ainsi il est dit : « Jadis les souverains n'avaient point de désir, et le monde était comblé ; ils n'agissaient point et les hommes s'amélioraient d'eux-mêmes ; ils étaient silencieux comme le gouffre, et le peuple vivait en paix. » Un mémoire dit : « Qui saisit l'unité originelle réussit dans toutes ses entreprises ; qui est sans préjugés obtient la soumission des mânes et des esprits. »

Le maître dit : « Le Tao recouvre et soutient tous les êtres. » Infinie est sa grandeur ! Le sage doit faire table rase de son esprit pour le comprendre ; pratiquer le non-agir, voilà le ciel ; exprimer le sans-parole, voilà la vertu. Aimer les hommes et être bon envers les êtres, voilà la bonté. Considérer comme identiques les différences, voilà la grandeur. Ne se montrer ni hautain ni excentrique, voilà la largeur d'esprit. Embrasser la variété des différences, voilà la richesse. S'attacher à la vertu, voilà la règle. C'est par la vertu que s'affirme la personnalité de l'homme. Qui se conforme en toutes choses au Tao est armé contre les coups du sort. Qui ne se laisse décourager par la vicissitude des événements extérieurs garde l'intégrité de son caractère. Le sage qui comprend ces dix préceptes possède la grandeur d'âme, tous les êtres affluent vers lui. Un tel homme enfouit l'or dans les montagnes et les perles dans les eaux profondes. Il dédaigne les biens de ce monde et se tient à distance des nobles et des riches. Il ne jouit pas de sa longévité et ne s'afflige point d'une mort prématurée ; il ne tire pas gloire de ses succès et n'est pas humilié de sa pauvreté. Dût-il posséder la richesse du monde entier, qu'il ne la considère pas comme son lot personnel. Dût-il régner sur le monde entier, qu'il n'en tire pas une gloire personnelle. Qui se glorifie s'exhibe. Tous les êtres ne font qu'un. La vie et la mort sont identifiées.

Le maître dit : « Le Tao est paisible comme le gouffre et pur comme l'eau limpide. Sans lui, le métal et la pierre ne résonnent point. De même que le métal et la pierre ne résonnent que lorsqu'on les frappe, de même tous les êtres ne peuvent être vraiment gouvernés que par celui qui possède la qualité propre de roi. Celui-là garde toujours son naturel et dédaigne de s'occuper des affaires. Comme il se réfère à la vérité première, son intelligence est pénétrante comme un esprit et sa capacité est vaste.

Mais il n'agit que sous la sollicitation des autres hommes.

« Notre corps ne peut être engendré que par le Tao ; notre vie ne peut être manifestée que par la vertu. Celui qui conserve sa santé atteint une vieillesse avancée, parfait sa vertu et comprend le Tao, possède ainsi la qualité propre de roi. Il surgit de l'infini, il agit spontanément et les hommes acceptent son autorité. Il est l'homme apte à gouverner.

« Il voit l'obscurité et entend le silence. Lui seul perçoit la lumière derrière l'obscurité ; lui seul perçoit l'harmonie derrière le silence. Il approfondit sa vision et spiritualise son audition afin de pouvoir pénétrer la création de l'existence et de l'essence. Dans son commerce avec les êtres, il s'installe dans le néant originel et il pourvoit aux besoins de tous. Il sait s'adapter à toutes les circonstances : grand ou petit, long ou court, lointain ou proche. »

Le Souverain Jaune se promenait au nord de la rivière couleur de feu. Il gravit le mont K'ouen-louen, et comme il se préparait à revenir vers le sud, il constata qu'il avait perdu « Perle sombre[1] ». Il la fit chercher par Intelli-

1. *Opinion du traducteur* : Perle indique quelque chose de très précieux, sombre indique l'obscurité ontologique. Ainsi ce doit être le Tao dans son indistinction obscure.

gence qui ne la trouva pas ; puis par Perspicacité qui ne la trouva pas ; enfin par Analyse qui ne la trouva pas davantage. Ce fut finalement Sans image qui la trouva. Le Souverain Jaune se dit : N'est-il pas étrange que ce soit Sans image qui ait pu la trouver ?

Le maître de Yao fut Hiu Yeou ; le maître de Hiu Yeou fut Nie K'iue ; le maître de Nie K'iue fut Wang-Yi ; le maître de Wang-Yi fut Pei-Yi[1].

Yao demanda à Hiu Yeou :

— Nie K'iue est-il digne de gouverner comme le ciel ? Si oui, je demanderai à son maître Wang-Yi de l'amener ici.

— Ce serait dangereux pour l'État, dit Hiu Yeou, car Nie K'iue, dont l'intelligence est pénétrante et la réaction toujours vive, tend à surpasser les autres. Ainsi il interprète le ciel par l'homme[2]. Il s'acharne à réprimer les erreurs sans en connaître les causes. Si on lui confie le gouvernement, il se fiera à son humanité et oubliera le ciel. Il se posera en modèle et ne se servira que de son intelligence pour en arriver plus vite à ses fins. Il sera l'esclave de la minu-

1. Nie K'iue, selon nous, symbolise l'intelligence morcelante.
2. L'intelligence morcelante interprète la nature selon son point de vue exclusivement humain.

tie et se perdra dans les choses ; il accueillera tout un chacun et voudra plaire à tous ; il subira toutes les influences et variera sans cesse. Est-il digne de gouverner comme le ciel ? Il constitue cependant une classe et possède son modèle. Il peut diriger la multitude, mais il ne peut pas guider les dirigeants du monde[1]. Comme il est le promoteur de l'ordre aussi bien que du désordre, ainsi s'il est ministre, le pays sera malheureux, et le pays sera ruiné s'il est souverain.

Comme le souverain Yao inspectait le territoire de Houa, l'officier à la frontière lui dit :

— Ô saint homme, je vous fais mes vœux ! je vous souhaite la longévité.

— Je n'en veux pas, dit Yao.

— Je vous souhaite la richesse, continua l'officier.

— Je n'en veux pas, dit Yao.

— Et nombre d'enfants mâles, ajouta l'officier.

— Je n'en veux pas, dit Yao.

1. *Opinion du traducteur* : l'intelligence morcelante peut devenir l'instrument de la politique, mais elle ne peut fournir le but de cette politique. C'est l'intuition englobante en tant que père de l'intelligence morcelante qui doit orienter les hommes vers leur but véritable.

L'officier reprit :

— Longévité, richesse, postérité mâle, tous les hommes désirent cela. Pourquoi vous seul n'en voulez-vous pas ?

— Parce que, dit Yao, qui a beaucoup de fils a beaucoup de craintes, qui a beaucoup de richesses a beaucoup d'affaires, qui vit vieux essuie beaucoup d'injures ; tout cela ne permet pas de cultiver sa vertu. C'est pourquoi je refuse ce que vous me souhaitez.

— Tout à l'heure, dit l'officier, je vous considérais comme un saint, mais je vois que vous n'êtes qu'un gentilhomme ordinaire. Le ciel qui engendre les hommes leur assigne du même coup des fonctions. Si vous avez beaucoup de fils et leur conférez des fonctions, quelles craintes pourrez-vous avoir pour eux ? Si vous partagez vos richesses avec les autres, quelles affaires aurez-vous à redouter ? Le saint se loge comme la caille ; il se nourrit comme le poussin ; il va sans laisser de trace comme l'oiseau. En temps de paix, il prend part à la prospérité de tous ; en temps de trouble, il cultive sa vertu et se retire dans l'oisiveté. Au bout de mille ans, fatigué de ce monde, il le quitte, monte vers le ciel, chevauche les nuages blancs et arrive au pays de Dieu. Aucun des trois malheurs ne peut l'atteindre. Son corps ne peut subir aucune atteinte. Quelles injures peut-il essuyer ?

Ayant dit, l'officier s'éloigna. Yao courut après lui et lui dit :

— Permettez-moi de vous poser encore quelques questions.
— Je m'en vais, dit l'officier.

Lorsque Yao gouvernait l'État, Po-tch'eng Tseu-kao reçut de lui un fief. Yao remit l'État à Chouen qui le remit à Yu, alors que Po-tch'eng Tseu-kao se démit de son fief et se mit à labourer. Yu étant allé le voir, le trouva occupé à labourer son champ. Il l'aborda respectueusement et lui dit :
— Maître, le souverain Yao vous avait donné un fief que vous avez conservé jusqu'à ce jour. Pourquoi voulez-vous maintenant vous en défaire pour labourer ?
— Au temps où Yao régnait, répondit Po-tch'eng Tseu-kao, le peuple travaillait sans attendre de récompense ; il craignait l'autorité sans qu'il y eût besoin de châtiments. Maintenant, vous récompensez et châtiez, mais le peuple n'est plus bon. La vertu étant en décadence, les supplices ont été établis. C'est le début de désordres qui dureront longtemps. Ne partez-vous pas ? N'interrompez pas mon travail. — Et il se remit courageusement à son labour sans plus s'occuper de Yu.

Au commencement il y avait le néant, le néant n'avait pas de nom. De là se reproduisit l'un ; il y eut l'un sans avoir de forme matérielle. Les êtres en naquirent : c'est ce qu'on appelle sa vertu. Dans ce qui n'avait pas de forme, il y eut une distribution d'où s'ensuivit un mouvement perpétuel qui a pour nom Destin. Au cours de ses transformations sont nés les êtres. À son achèvement, l'être créé possède un corps organisé. Ce corps préserve l'âme. L'âme et le corps sont soumis à leurs lois propres. C'est ce qu'on appelle la nature innée. Qui perfectionne sa nature fait retour à sa vertu originelle. Qui atteint à sa vertu primitive s'identifie avec l'origine de l'univers et par elle avec le vide. Le vide est grandeur. Il est pareil à l'oiseau qui chante spontanément et s'identifie avec l'univers. C'est lorsqu'il s'identifie parfaitement avec l'univers qu'il apparaît ignorant et obscur. Il atteint à la vertu profonde et s'abîme dans l'harmonie universelle.

Confucius demanda à Lao Tan :
— Certains traitent le Tao à l'aide de ses contradictions apparentes. Ils déclarent admissible ce qui n'est pas admissible, ou tel ce qui n'est pas tel. Le sophiste dit : « On peut distinguer le dur et le blanc d'une pierre aussi facilement qu'on le ferait des choses qui sont suspendues dans une

maison. » Un tel homme peut-il être considéré comme un saint ?

— Un tel homme, dit Lao Tan, est pareil au serviteur ou à l'artisan que le travail fatigue et dont les soucis rongent le cœur. Les chiens aptes à rattraper la martre ont des idées noires[1] ; les singes très adroits sont enlevés des forêts de la montagne. K'ieou, je vais te communiquer quelque chose que tu ne peux ni entendre ni exprimer. Nombreux sont les hommes qui possèdent un corps, mais non l'esprit, (ils ne peuvent pas comprendre) l'impossibilité que le visible et l'invisible existent de la même manière. Ainsi, par exemple, le mouvement est remplacé par le repos ; la mort par la vie ; la ruine par la prospérité. Tous ces phénomènes qui se succèdent ne sont pas ce qui les fait apparaître ainsi. Y mettre un ordre dépend de l'homme[2]. Qui oublie les choses (extérieures) et le ciel (naturel et phénoménal) s'oublie lui-même. L'homme qui s'oublie lui-même rejoint le ciel (lui-même).

---

1. Les chiens capables d'attraper la martre auront des pensées tristes parce qu'ils ont la corde au cou et perdent leur liberté de vivre dans la nature.
2. L'homme introduit un ordre artificiel dans les phénomènes naturels dont la raison véritable d'apparition et de disparition échappe à l'intelligence humaine.

Tsiang Liu-mien alla voir [son maître] Ki Tch'ö et lui dit : « Le prince de Lou m'a demandé comment je concevais l'art de gouverner. Je n'ai pas pu me récuser, je lui ai donc donné mon opinion sans bien savoir si elle est juste. Permettez-moi de vous exposer ce que j'ai dit au prince : soyez respectueux et économe ; donnez les charges à ceux qui sont loyaux et fidèles et ne protégez pas ceux qui ont l'esprit partisan. Nul n'osera être en désaccord avec vous. »

Ki Tch'ö se tordit de rire et dit : « Ce que vous exigez des souverains et des rois est pareil à la mante qui dresse ses pattes dans l'ornière pour arrêter une voiture. Qui vous écoute s'expose au danger. C'est parce qu'il expose trop d'objets d'envie et attire donc des poursuivants dont le nombre est considérable.

— Maître, je ne vous comprends pas, dit Tsiang Liu-mien au comble de l'étonnement. Aussi je vous prie de m'exposer les grandes lignes de votre doctrine.

— Le gouvernement du saint, répondit Ki Tch'ö, consiste à suivre les tendances du peuple, à faire accomplir sa propre éducation en modifiant ses mœurs, à extirper ses mauvais penchants et à favoriser son aspiration propre. Ainsi il obéit à sa nature sans savoir pourquoi. Un tel homme préfère-t-il la politique de Yao et de Chouen à sa propre politique ? Il vise à retrouver la vertu et par là même la paix de son âme. »

Tseu-kong, après s'être rendu dans la principauté de Tch'ou, revenait vers celle de Tsin. En passant au sud du fleuve Han, il vit un vieil homme occupé à travailler son potager. Cet homme descendait par un tunnel dans le puits, en sortait avec sa jarre remplie d'eau et la vidait dans les rigoles de ses plates-bandes. Labeur pénible et mince résultat. Tseu-kong lui dit :

— Si vous aviez une machine avec laquelle cent plates-bandes pourraient être arrosées en un jour, n'aimeriez-vous pas vous en servir ?

— Comment est-ce fait ? demanda le jardinier en levant les yeux sur Tseu-kong.

— Une machine en bois creusé dont l'arrière est lourd et l'avant léger, avec laquelle on lève l'eau comme si on la tirait à la main, aussi vite que le bouillon déborde de la marmite : cette machine s'appelle « Ki-kao ».

Le jardinier se mit en colère, changea de couleur, ricana et dit : « J'ai appris de mon maître ceci : qui se sert de machines use de mécaniques et son esprit se mécanise. Qui a l'esprit mécanisé ne possède plus la pureté de l'innocence et perd ainsi la paix de l'âme. Le Tao ne soutient pas celui qui a perdu la paix de l'âme. Ce n'est pas que je ne connaisse pas les avantages de cette machine, mais j'aurais honte de m'en servir. »

Confus, Tseu-kong baissa la tête et ne répliqua pas.

Un instant après, le jardinier lui demanda :

— Qui êtes-vous donc ?

— Un disciple de Confucius, répondit Tseu-kong.

— Ne seriez-vous pas, dit le jardinier, un de ceux qui se servent de leur vaste savoir pour essayer de passer pour des saints, qui flattent le peuple pour le mieux dominer et veulent asseoir leur renommée en le plaignant sans cesse ? Renoncez à votre intelligence et délaissez votre corps, et peut-être pourrez-vous vous retrouver vous-même. Si vous êtes incapable de vous gouverner vous-même, comment pouvez-vous prétendre à gouverner le monde ? Maintenant allez-vous-en et laissez-moi travailler.

Tseu-kong, humilié, se courba, pâle d'émotion. Il ne put se ressaisir sur-le-champ. Il ne se remit qu'après avoir parcouru trente stades.

Ses disciples lui demandèrent :

— Quel est cet homme avec qui vous vous êtes entretenu tout à l'heure ? Pourquoi avez-vous changé de visage ? Pourquoi ne vous êtes-vous pas remis de toute la journée ?

— Jusqu'ici, dit Tseu-kong, je croyais qu'il n'y avait dans le monde qu'un seul homme ! (Confucius.) C'est que je ne connaissais pas encore celui-là. Mon maître me disait : « Toute action doit s'adapter aux circonstances, toute œuvre doit tendre vers la réussite. Agir avec le minimum d'effort et obtenir le maximum de résultats, telle est la voie du saint. » La doctrine de cet homme ne ressemble point à celle de mon maître ; c'est celui qui s'attache au Tao qui conserve intacte sa vertu. L'intégrité de sa vertu assure celle de son corps, et celle de son corps assure celle de son esprit. L'intégrité de l'esprit est la voie du saint. Sa vie n'est qu'un passage comme celle de tous les hommes, sans qu'il sache où il va et sa pureté est parfaite. Mais celui qui pour servir ses intérêts use habilement de machines ne conforme pas sa vie intérieure à celle de cet homme. L'homme que je viens de voir ne prend pour guide que sa propre volonté ; il n'agit que sous l'impulsion de son cœur. Si le monde entier le loue, il n'en est pas exalté ; si le monde entier le condamne, il n'en est pas abattu. En un mot, l'éloge et le blâme ne peuvent pas modifier sa conduite. Un tel homme possède sa vertu intacte. Quant à moi, je ne suis encore que de ceux que l'opinion des autres influence comme le vent agite les ondes.

Quand Tseu-kong eut regagné la principauté de Lou, il raconta son aventure à Confucius, qui lui dit : « Cet homme interprète faussement l'art de vivre qu'on pratiquait au temps de l'indistinction primordiale. Il n'en connaît qu'un des aspects. Il domine sa vie intérieure mais non le monde extérieur. Celui qui connaîtrait son innocence, qui par le non-agir retrouverait sa simplicité première, embrasserait sa nature, garderait son âme originelle, et vivrait ainsi parmi les hommes, comment celui-là pourrait-il te surprendre[1] ? L'art de vivre tel qu'on le pratiquait au temps de l'indistinction primordiale, comment serions-nous dignes de le connaître, toi et moi ? »

Épaisseur obscure se dirigeant vers la Grande vallée de l'Est, rencontra Bourrasque au bord de la mer de l'Est. Bourrasque demanda à Épaisseur obscure :

— Maître, où allez-vous ?
— À la Grande vallée, dit Épaisseur obscure.
— Pourquoi ? demanda Bourrasque.
— La Grande vallée, dit Épaisseur obscure, est le lieu où l'on verse sans jamais remplir et où l'on puise sans jamais épuiser. Je vais la visiter.
— Maître, dit Bourrasque, bien que vous ne vous intéressiez pas au peuple, je voudrais que vous m'expliquiez ce qu'est la doctrine politique du saint.

---

[1]. *Commentaire de Kouo Siang* : Celui-là qui connaît vraiment l'indistinction primordiale, il s'accommode de notre monde sans perdre sa personnalité propre. Bien qu'il vive dans le monde des hommes, il ne s'y fait pas remarquer : comment pourrait-il vous étonner par sa présence. (*Tchouang-tseu Tsi-che*, réuni par Kouo King-fan, collationné par Wang Hiao-yu, chap. VII, p. 438. Éd. Tchong-houa-chou-kiu, Pékin, 1961).

— Cette politique, répondit Épaisseur obscure, consiste en ceci : nommer les administrateurs en fonction des besoins du peuple, confier les postes en fonction des capacités, se tenir au courant des exigences et des tâches du peuple pour répondre à ses aspirations. Si le dirigeant parle et agit conformément à ces principes, le monde s'améliore de lui-même. Il suffit qu'il lève le doigt ou qu'il cligne de l'œil, puisque les peuples des quatre directions viennent à lui. Telle est la politique du saint.

— Je voudrais que vous me parliez de l'homme vertueux, demanda Bourrasque.

— L'homme vertueux, dit Épaisseur obscure, ne pense rien, lorsqu'il est dans sa maison ; il ne réfléchit pas quand il marche. Il ne fait aucune différence entre le bien et le mal, la beauté et la laideur. Il se plaît à pourvoir aux besoins des hommes qui vivent entre les quatre mers et à leur assurer une vie paisible. Sa distraction le rend semblable à un enfant qui a perdu sa mère et son incertitude à un voyageur qui s'est trompé de chemin. Il a surabondance de richesse et de nourriture sans avoir d'où elles proviennent. Tel est l'homme vertueux.

— Voulez-vous me parler de l'homme d'un esprit surnaturel.

— Cet homme chevaucha la lumière dans laquelle il s'anéantit avec son corps. On dit que son rayonnement éclaire l'immensité. Il va jusqu'au bout de son destin et de ses possibilités.

L'univers entier en est rempli de bonheur, toutes les préoccupations du monde disparaissent et tous les êtres retrouvent leur nature originelle. Cela s'appelle s'identifier avec l'indistinction primordiale.

Men Wou-kouei et Ts'eu-tchang Man-ki ayant vu défiler l'armée du roi Wou, Ts'eu-tchang Man-ki dit à son compagnon :

— Le roi Wou est inférieur au souverain Chouen. C'est pourquoi il est réduit à user de violence.

— Mais, demanda Men Wou-kouei, au moment où Chouen prit le pouvoir, l'État était-il en paix ?

— Si la paix avait régné, pourquoi aurait-on eu recours à Chouen ? Chouen a appliqué un médicament sur la plaie, une perruque sur une tête chauve. C'est quand un homme est malade qu'il demande le médecin. Si un bon fils apporte un médicament, c'est pour soigner son bon père. Le saint a honte d'agir ainsi.

« Quand règne la vertu parfaite, on n'honore pas les sages, on n'emploie pas les hommes compétents. Le dirigeant domine comme les branches supérieures de l'arbre ; le peuple est libre comme le cerf dans la campagne. Chacun va son droit chemin sans connaître le sens du devoir ; les hommes s'aiment les uns les autres sans connaître l'idéal de l'amour humanitaire. Ils sont véridiques sans savoir ce qu'est la loyauté ; ils tiennent parole sans connaître la valeur de l'engagement. Ils s'entraident sans considérer qu'ils font des libéralités. C'est pourquoi leurs actes ne laissent pas de traces et pourquoi leur histoire n'est pas transmise à la postérité.

Un bon fils ne flatte pas ses parents ; un ministre loyal ne flagorne pas son prince. Cela vaut pleinement pour le ministre et pour le fils. Si un fils approuve tout ce que disent ses parents et trouve bon tout ce qu'ils font, on le dit fils indigne ; on en dit autant d'un ministre qui se comporte de même à l'égard de son prince. On porte généralement ces jugements sans en connaître le bien-fondé. Mais si quelqu'un approuve ce que tout le monde approuve et trouve bon ce que tout le monde trouve bon, on ne dira pas de lui qu'il est un flatteur ou un flagorneur. Les contemporains sont-ils donc plus respectables que les parents et plus vénérables que le prince ? Si l'on nous traite de flatteur ou de flagorneur, nous nous irritons et changeons de couleur ; et cependant, nous flattons les hommes et les flagornons durant toute notre vie. Ainsi, nous enjolivons nos discours de comparaisons et d'ornements pour obtenir l'adhésion de la masse sans que jamais on nous le reproche le moins du monde. De même, on soigne la traîne de ses vêtements, on en harmonise les couleurs, on y adapte ses attitudes et sa physionomie pour plaire à tous, et cependant on ne se considère pas comme un flatteur ou un flagorneur. Ceux qui ne font qu'imiter les hommes et adopter leurs préjugés, et pourtant ne se reconnaissent pas comme appartenant à la masse, on peut dire qu'ils atteignent au comble de l'inconscience.

Qui reconnaît son ignorance n'est pas un grand ignorant ; qui reconnaît son égarement n'est pas un grand égaré. Un grand égaré ne prend jamais conscience de son égarement ; un grand ignorant ne prend jamais conscience de son ignorance.

Si de trois compagnons l'un d'eux se trompe sur le chemin à suivre, il est encore possible d'atteindre le but, car un seul s'est trompé. Si deux se trompent, comme ils sont en majorité, les trois se fatigueront à marcher sans atteindre leur but. Au milieu d'un monde qui s'égare, moi seul cherche le vrai chemin. Je ne pourrais pas le trouver. Que cela est triste !

Les villageois ne comprennent pas la grande musique, mais les chansons telles que « En brisant le rameau des saules », ou « Fleur brillante » les font rire aux éclats. De même les paroles élevées ne touchent pas le cœur des hommes du commun. Les paroles suprêmes ne se font pas entendre, car les paroles vulgaires l'emportent. On ne peut arriver au but en laissant pendre ses talons dans le vide. Au milieu d'un monde qui s'égare, comment moi, qui cherche le vrai chemin, puis-je le trouver ? Je sais que c'est impossible. Je sais aussi que si je veux le contraindre, ce monde, je commettrai une erreur de plus. Mieux vaut le laisser tel qu'il est, sans chercher à le stimuler et vivre ainsi avec lui sans souci.

À minuit, une femme laide mit au monde un enfant. Elle s'empressa d'éclairer sa chambre pour regarder avec anxiété si son enfant lui ressemblait.

On scie le tronc d'un arbre séculaire pour en faire des vases sacrificiels que l'on peint en vert et en jaune. Ce qui reste de cet arbre est laissé dans le fossé. Si l'on compare les vases sacrificiels au reste de l'arbre, les uns sont beaux et l'autre est laid ; mais les vases sacrificiels et le reste de l'arbre ont également perdu leur nature première. De même Tche d'une part, Tseng et Che d'autre part ont l'un comme les autres perdu leur nature originelle, bien qu'au point de vue de la moralité, la conduite du premier contraste avec celle des seconds.

La perte de la nature peut s'opérer de cinq manières. En premier lieu, les cinq couleurs fatiguent les yeux et troublent la vision ; en deuxième lieu, les cinq sons fatiguent les oreilles et troublent l'ouïe ; en troisième lieu, les cinq odeurs[1] enfument le nez, l'obstruent et montent au cerveau ; en quatrième lieu, les cinq saveurs gâtent la bouche et la rendent malade, inapte à savourer ; en cinquième lieu, les attirances et les dégoûts troublent l'esprit et rendent excitable. Telles sont les cinq catégories de maux qui affligent l'homme. Cependant, les philosophes Yang et Mö s'efforcent de se présenter comme ayant chacun raison. Moi, je ne suis pas de leur avis. Si le bonheur implique encore la dépendance, on peut dire que la tourterelle en cage est heureuse. De même si celui dont les attirances et les dégoûts à l'égard des sons et des couleurs obstruent sa vie intérieure, qui porte le bonnet de fourrure ou le chapeau orné de plumes de martin-pêcheur, la tablette et la longue ceinture comme insignes de sa fonction, si celui dont l'âme est obstruée et le corps ligoté peut être considéré comme heureux, on peut en dire autant pour les criminels dont les bras et les doigts sont entrecroisés et pour le tigre et la panthère que l'on a enfermés dans un sac avant de les mettre en cage.

1. *Commentaire de Tch'eng Hiuan-Ying* : Les cinq odeurs, ce sont l'odeur de mouton, l'odeur de fumée, l'odeur de poisson, l'odeur de parfum et l'odeur de faisandé (*Tchouang-tseu Tsi-che*, p. 453).

LA VOIE DU CIEL

La voie du ciel qui agit sans entrave parachève tous les êtres ; la vertu du souverain qui se manifeste sans entrave obtient la soumission du monde ; la vertu du saint qui opère sans entrave gagne tous les cœurs. Qui connaît le ciel, comprend la sainteté et saisit en toute circonstance la vertu du souverain ou du roi, celui-là agit de lui-même sans éclat et en toute tranquillité. Ce n'est pas parce qu'il recherche la tranquillité comme un bien, mais parce que tous les êtres ne peuvent plus émouvoir son cœur. Lorsque l'eau est tranquille, elle peut refléter la barbe et les sourcils et sa surface est si unie qu'elle peut servir de niveau au maître charpentier. Si la tranquillité de l'eau permet de refléter les choses, que ne peut celle de l'esprit ? Qu'il est tranquille, l'esprit du saint ! Il est le miroir de l'univers et de tous les êtres. Le vide, la tranquillité, le détachement, l'insipidité, le silence, le non-agir sont le niveau de l'équilibre de l'univers, la perfection de la voie et de la vertu. C'est pourquoi le souverain, le roi et le saint demeurent toujours en repos. Ce repos conduit au vide, un vide qui est plénitude, une plénitude qui est totalité. Ce vide confère à l'âme une tranquillité qui fait que toute action accomplie est efficace. Qui garde sa tranquillité n'agit pas : il laisse ce soin à ceux qui reçoivent mission d'agir. Heureux celui qui n'agit pas ! il ne connaît ni chagrin ni misère et il vit longtemps. Le vide, la tranquillité, le détachement, l'insipidité, le silence et le non-agir constituent le principe de tous les êtres. Ayant compris ce principe, Yao fut un prince idéal et Chouen un ministre idéal. En l'adoptant, celui qui est haut placé prend la vertu du souverain, du roi et du Fils du Ciel, et celui qui est placé bas devient le saint obscur et le roi sans couronne. C'est grâce à lui que l'ermite qui se promène oisif conquiert le cœur de tous ceux qui se plaisent dans la solitude du fleuve et de la mer, du mont et de la forêt. C'est par lui que le ministre réalise des exploits, gagne la célébrité et unifie le monde. C'est par lui que les contemplatifs deviennent saints et les actifs des rois. Qui n'agit pas est en honneur, personne ne peut rivaliser avec sa simplicité et sa pureté.

Qui comprend la vertu du ciel et de la terre est censé retrouver le principe premier. Celui-là participe à l'harmonie du ciel. Qui fait régner la paix du monde participe à l'harmonie des hommes, celui-là éprouve la joie des hommes. Qui participe à l'harmonie du ciel partage la joie du ciel.

Tchouang tseu dit :

Ô mon Maître ! Ô mon Maître !
Tu détruis tous les êtres du monde
et pourtant tu n'es pas cruel ;
tes bienfaits s'étendent à dix mille générations
et pourtant tu n'es pas bon ;
tu es plus âgé que la haute antiquité
et pourtant tu n'es pas vieux ;
tu recouvres le ciel et portes la terre,
tu tailles et tu sculptes toutes les formes,
et pourtant tu n'es pas habile ;
telle la voie du ciel.

Il est dit : celui qui connaît la joie du ciel, sa vie est l'action du ciel, sa mort n'est qu'une métamorphose ; son repos s'identifie à l'obscurité ; son mouvement à la lumière. Celui qui connaît la joie du ciel ne subit ni la colère du ciel, ni la critique des hommes, ni l'entrave des choses, ni le reproche des morts.

Il est dit : son mouvement, c'est le ciel ; son repos, c'est la terre ; son esprit s'absorbant dans l'un, il devient le roi de l'univers. Nul esprit malfaisant ne vit en lui ; son âme est toujours alerte. Son esprit s'absorbant dans l'un, il soumet tous les êtres. C'est-à-dire qu'ayant trouvé le vide et la quiétude, il les étend à l'univers et les communique à tous les êtres, c'est cela qu'on appelle la joie du ciel. La joie du ciel est entretenue dans l'univers par l'âme du saint.

La vertu du souverain ou du roi vise à se conformer au ciel et à la terre, au Tao et à la vertu. Cette vertu a pour règle le non-agir. Celui qui n'agit pas met le monde à son service et pourrait faire davantage ; celui qui agit se met au service du monde et n'y suffit pas. C'est pourquoi le non-agir était en honneur dans l'antiquité. Si le supérieur n'agit pas et que ses inférieurs n'agissent pas non plus, ceux-ci posséderont même vertu que celui-là et dans ce cas, il n'y aura pas de ministres. De même, si les inférieurs agissent et que le supérieur agisse également, supérieur et inférieurs auront même vertu et il n'y aura pas de souverain. Ainsi le supérieur doit ne pas agir et mettre ainsi le monde à son service ; ses inférieurs doivent agir pour se mettre au service du monde. Ceci est une loi constante. C'est pourquoi les anciens souverains ne se servaient pas de leur intelligence, encore qu'elle eût été capable d'embrasser l'univers, ne discouraient pas, bien que leur éloquence eût pu édifier tous les hommes, et n'agissaient pas, bien que leur capacité surpassât celle de tous ceux qui vivaient entre les quatre mers.

Le ciel n'a pas la volonté de produire et cependant tous les êtres sont nés de lui. La terre ne veut point faire croître, et cependant tous les êtres sont nourris par elle. Le souverain ou le roi n'agit point, et cependant le monde fait son œuvre. Aussi est-il dit : « Il n'y a rien de plus générateur que le ciel, de plus riche que la terre, de plus grand que le souverain ou le roi. » Il est dit également : « La vertu du souverain ou du roi est celle du ciel et de la terre. » Cela veut dire que le souverain ou le roi a pour véhicule l'univers et pour équipage tous les êtres et qu'il a à son service la multitude des hommes.

L'essentiel est entre les mains du supérieur, le secondaire entre les mains de ses inférieurs ; l'ensemble dépend du prince, le détail de ses ministres.

La mobilisation des trois armées[1] et l'utilisation des cinq instruments de guerre[2] ne sont que des accessoires de la vertu du prince ; la récompense et la punition, la faveur et la disgrâce, les

1. Selon l'institution de la dynastie des Tcheou, le Fils du Ciel a neuf armées à sa disposition, alors que les grands seigneurs ont chacun trois armées à leur disposition (*Ts'eu Hai*, p. 14).
2. *Commentaire de Tch'eng Hiuan-Ying* : Les cinq instruments de guerre, ce sont les arcs, les bâtons, les lances, les piques et les hallebardes (*Tchouang-tseu Tsi-che*, p. 468).

cinq modes de supplice[1] ne sont que des accessoires de l'instruction dispensée par le prince ; les rites et les lois, les mesures et les statistiques, les fonctions et les titres, le général et le particulier ne sont que des accessoires du gouvernement ; les sons de la cloche et du tambour, les plumes et les poils qui ornent les instruments, ne sont que des accessoires de la musique ; les cris et les larmes, la tunique de deuil et le bonnet de chanvre, la diversité des vêtements funèbres ne sont que des accessoires de deuil. Les cinq accessoires exigent la participation de l'âme et le mouvement de l'esprit pour être efficaces. Il y en eut parmi les Anciens qui s'y consacrèrent ; mais ils ne leur accordèrent pas la première place.

Le prince occupe la position dominante et ses ministres la position subordonnée ; il en est de même des positions respectives du père et du fils, du frère aîné et du cadet, du vieillard et du jeune homme, de l'homme et de la femme, de l'époux et de l'épouse. Maître et serviteur, premier et second, tels sont respectivement le ciel et la terre. Le saint se conforme à cette hiérarchie. Le ciel est supérieur à la terre, ce qui correspond à leur situation respective dans l'ordre

---

1. *Commentaire de Tch'eng Hiuan-Ying* : Les cinq modes de supplice, ce sont : 1° couper le nez, 2° tatouer le visage, 3° couper le pied, 4° la castration, 5° fendre le criminel en deux parties égales (*Tchouang-tseu Tsi-che*, p. 468).

sacré. Le printemps et l'été précèdent, l'automne et l'hiver suivent, c'est là l'ordre des quatre saisons. Tous les êtres naissent et croissent, droits ou courbes, avec leur progression et leur décadence. C'est là l'évolution du monde. Si le ciel et la terre eux-mêmes, malgré leur caractère sacré sont englobés dans cette hiérarchie, à plus forte raison l'humanité. Ainsi au temple des ancêtres on honore les parents, à la cour on honore les titres, au village on honore la vieillesse, en affaires on honore l'intelligence. Tout cela est conforme à la voie hiérarchique. La voie sans hiérarchie ne serait pas la voie. Peut-on parler d'une voie qui n'en est pas une et surtout l'adopter ?

Pour mettre en lumière cette voie hiérarchique, les Anciens mettaient en premier lieu le ciel, et ensuite le Tao et la vertu, ensuite la bonté et le devoir, et ensuite les charges et les responsabilités, et ensuite les fonctions et les titres, et ensuite la capacité et le rôle de chacun, et ensuite l'indulgence et l'amnistie, et ensuite l'approbation et la désapprobation, et enfin les récompenses et les punitions. Si les châtiments et les punitions sont compris et acceptés par tous, les ignorants et les intelligents se trouvent à leur place propre, les nobles et les humbles agissent en fonction de leur situation sociale, les capables et les incapables agissent selon leurs aptitudes. Chacun a son rôle conforme à sa capacité ; chacun a son titre approprié. Ce principe permet de servir les supérieurs, de nourrir les inférieurs, de gouverner les hommes et de se perfectionner soi-même, sans avoir recours à des machinations ; on vit selon sa nature. C'est là ce qu'on appelle la grande paix ; c'est là la perfection dans l'ordre social.

Il est dit dans un livre : « Il faut distinguer les fonctions et les titres. » Bien que les Anciens aient établi cette distinction, ils ne la considéraient pas comme primordiale. Dans la hiérarchie de la grande voie, elle ne venait qu'au cinquième rang, et les récompenses et les punitions au neuvième rang. Si l'on envisage hâtivement, on n'en peut connaître le principe ; et il en est de même des récompenses et des punitions. On va ainsi à l'encontre du Tao, et loin de pouvoir gouverner les autres, on tombe sous leur domination. Celui qui envisage hâtivement les fonctions et les titres, les récompenses et les punitions ne connaît que les instruments de gouvernement, mais non le principe de gouvernement. Ainsi il se met au service du monde, il n'est pas digne d'avoir le monde à son service. Ceci s'applique aux sophistes enfermés dans des connaissances trop partielles. Les Anciens connaissaient bien les rites et les lois, les mesures et les statistiques, les fonctions et les titres ; le général et le particulier. Tout cela représente ce par quoi les inférieurs servent leur supérieur, mais non ce par quoi le supérieur nourrit ses inférieurs.

Jadis, le ministre Chouen interrogea le souverain Yao : « Roi céleste, comment usez-vous de votre esprit ? »

Yao répondit :

— Je ne méprise pas ceux qui ne savent pas porter plainte, je n'abandonne pas les pauvres gens, je souffre avec ceux qui ont des morts ; je me réjouis avec ceux qui ont des enfants ; j'ai de la compassion pour les femmes. C'est ainsi que j'use de mon esprit.

— C'est déjà beau, dit Chouen, mais ce n'est pas grand.

— Alors, demanda Yao, que devrais-je faire ?

— Qui possède la vertu du ciel, répondit Chouen, agit tout en restant en paix. Son influence s'exerce comme la lune et le soleil répandent leur lumière, comme les quatre saisons se succèdent, comme le jour et la nuit ont leur régularité, comme le nuage amène la pluie.

— Ma politique, dit Yao, n'est que vaine agitation par rapport à la vôtre. Votre idéal est céleste, le mien n'est qu'humain.

Le ciel et la terre, c'est ce que les Anciens considéraient comme le critère de la grandeur. Le Souverain Jaune, Yao et Chouen y voyaient leur idéal. C'est pourquoi les anciens souverains ne prenaient pour modèle que le ciel et la terre.

Confucius se rendit à l'ouest pour confier ses livres à la bibliothèque royale des Tcheou. Son disciple Tseu-lou lui donna cet avis : « J'ai entendu dire qu'un certain Lao Tan, autrefois conservateur des archives impériales des Tcheou, s'est démis de sa fonction. Si vous voulez confier vos livres à la bibliothèque royale, tâchez de le voir pour obtenir qu'il intervienne en votre faveur.

— Bien », dit Confucius. Il alla voir Lao Tan. Celui-ci n'accepta pas sa proposition. Alors Confucius exposa ses idées contenues dans les douze livres canoniques pour le convaincre.

Après l'avoir entendu et approuvé, Lao Tan lui dit :

— C'est trop prolixe, je voudrais connaître l'essentiel de votre exposé.

— Il se résume, dit Confucius, dans la bonté et la justice.

— Celles-ci sont-elles réellement la nature de l'homme ? demanda Lao Tan.

— Oui, répondit Confucius. Car le sage n'atteint la perfection que par la bonté et ne peut vivre sans la justice. Sans la bonté et la justice, qui sont vraiment la nature de l'homme, que ferait-il dans ce monde ?

— Que sont la bonté et la justice ? demanda Lao Tan.

— Prendre à cœur le bonheur des hommes et les aimer tous également sans faire entre eux de distinction égoïste, telle est la substance de la bonté et de la justice.

— Ah ! dit Lao Tan, une telle doctrine me semble avoir été fabriquée après coup. L'amour universel comporte des détours, car l'altruisme est une forme de l'égoïsme. Voulez-vous que le monde ne se trouve pas privé d'autorité ? Voyez alors le ciel et la terre, qui ont leurs lois constantes ; le soleil et la lune qui ont leurs lumières propres ; les étoiles et les astérismes qui ont leur rangement ; les oiseaux et les quadrupèdes qui ont leurs troupeaux ; les arbres et les herbes qui ont leurs constitutions propres. On doit laisser agir la vertu de chacun et se conformer au Tao : C'est ainsi que l'on atteint à la perfection. Pourquoi sans cesse prôner la bonté et la justice comme quelqu'un qui ferait battre le tambour pour rechercher son fils en fuite ? Eh ! vous ne faites ainsi que perturber la nature de l'homme.

Che Tch'eng-k'i alla trouver Lao-tseu et lui déclara : « On dit que vous êtes un saint. Aussi ai-je fait un long voyage pour vous voir. J'ai fait cent étapes sans vouloir me reposer, marchant jusqu'à en avoir des durillons aux pieds. Et voilà que je constate que vous n'êtes pas un saint. En effet, des restes de légumes demeurent sur le sol autour des trous de rats de votre maison et vous les laissez là, cela n'est pas humain. Vous laissez perdre des aliments crus et cuits qui étalent devant vous non consommés ; vous thésaurisez trop. »

Indifférent, Lao-tseu ne répondit pas.

Le lendemain, Che Tch'eng-k'i retourna chez Lao-tseu et lui dit :

— Hier, je vous ai piqué au vif. Maintenant je me sens troublé. Pourquoi cela ?

— Il m'importe peu qu'on dise de moi que je suis habile, intelligent, divin, ou saint, répondit Lao-tseu, et hier vous auriez aussi bien pu me traiter de bœuf et de cheval. Car si un homme me donne un nom que je mérite et que je ne l'accepte pas, je subirai son double reproche. Mon attitude est toujours naturelle, je n'ai jamais fait de pose.

Alors Che Tch'eng-k'i s'écarta de Lao-tseu, en évitant de marcher sur son ombre. Puis il revint sur ses pas, se rapprocha de lui et lui demanda : « Comment peut-on se perfectionner ? »

Lao-tseu répondit : « Votre visage est singulier ; votre regard est vif ; votre front est saillant ; votre bouche est grande ouverte ; votre attitude est altière ; vous ressemblez à un cheval enchaîné ; vous voulez agir, mais retenez votre élan ; vous vous manifestez comme la flèche à ressort ; vous observez et examinez ; vous avez conscience de votre ingéniosité et faites montre de votre arrogance. Quiconque n'a pas voulu me croire n'a qu'à observer la conduite des voleurs des régions frontières. »

Le maître a dit : « Le Tao est si grand qu'il ne comporte pas de fin, et si petit que rien ne lui échappe. C'est pourquoi il est omniprésent dans tous les êtres. Il est si vaste qu'il n'est rien qu'il ne contienne ; il est si profond que personne ne peut le sonder. Les corps et leurs qualités, la bonté et la justice ne sont que les rameaux de l'âme, qui peut leur donner une signification sinon l'homme parfait ? Seul l'homme parfait peut posséder le vaste monde sans en être embarrassé ; alors que tous se disputent le pouvoir, lui n'y participe pas. Il s'en tient au principe premier et les avantages matériels sont sans influence sur lui. Ayant compris la vérité des êtres et s'étant tenu à leur racine commune, il transcende l'univers, délaisse tous les êtres et son esprit est entièrement libre. Comme il comprend le Tao et s'identifie avec la vertu, écarte la bonté et la justice, rejette le rite et la musique, ainsi son esprit est en paix. »

Le Tao que tout le monde apprécie est dans les livres. Le livre n'est composé que de mots. Ce qu'il y a de précieux dans le mot, c'est l'idée.

Mais l'idée relève de quelque chose qui est ineffable. Le monde apprécie les mots et les transmet par les livres. Bien que tout le monde estime les livres, je les trouve indignes d'estime, car ce qu'on y estime ne me paraît pas estimable. De même que ce qui peut être vu ce sont les formes et les couleurs, ce qui peut être entendu ce sont les noms et les phonèmes. Hélas ! tout le monde considère que les formes et les couleurs, les noms et les phonèmes représentent la réalité des choses et cela n'est pas vrai. C'est en ce sens que « qui sait ne parle pas, qui parle ne sait pas ». Mais comment le monde s'en rendrait-il compte ?

Un jour, le duc Houan (de Ts'i) lisait dans sa salle surélevée, tandis qu'en bas de la salle le charron Pien travaillait à faire une roue. Déposant son marteau et son poinçon, le charron monta dans la salle et demanda au duc :

— Qu'est-ce que vous lisez là ?

— Les paroles des saints, répondit le duc.

— Les saints existent-ils encore ? demanda Pien.

— Ils sont morts, dit le duc.

— Alors, ce que vous lisez ne représente que la lie des Anciens.

Le duc repartit :

— Je lis, un charron n'a pas à me donner son avis. Je te permets toutefois de t'expliquer. Si tu n'y arrives pas, tu seras mis à mort.

— Voici ce que le métier de votre serviteur

lui a permis d'observer. Quand je fais une roue, si je vais doucement, le travail est plaisant, mais n'est pas solide. Si je vais vite, le travail est pénible et bâclé. Il me faut aller ni lentement ni vite, en trouvant l'allure juste qui convienne à la main et corresponde au cœur. Il y a là quelque chose qui ne peut s'exprimer par les mots. Aussi n'ai-je pu le faire comprendre à mon fils qui, lui-même, n'a pu être instruit par moi. C'est pourquoi à soixante-dix ans je travaille toujours à faire mes roues. Ce que les Anciens n'ont pu transmettre est bien mort et les livres que vous lisez ne sont que leur lie.

JOIE SUPRÊME

Y a-t-il dans le monde une joie suprême qui puisse faire vivre la personne ? Et pour s'assurer cette joie, sur quoi s'appuyer ? Qu'éviter ? Qu'adopter ? De quoi s'approcher, de quoi s'écarter ? Qu'aimer ? Que détester ?

Ce que tout le monde respecte, ce sont les richesses, les honneurs, la longévité, l'excellence ; ce dont tout le monde fait sa joie, ce sont le bien-être corporel, la bonne chère, les beaux vêtements, les belles couleurs et la musique. Ce que tout le monde méprise, ce sont la pauvreté, l'obscurité, la mort prématurée et la mauvaise réputation. Ce dont tout le monde souffre, c'est de la privation du bien-être corporel, de bons aliments, de beaux vêtements, de belles couleurs et de musique. Qui n'obtient pas ces choses s'afflige et s'inquiète. Cette attitude est stupide, car elle ne conduit pas même au bien-être du corps.

Le riche se fatigue, travaille intensément, amasse plus d'argent qu'il n'en peut dépenser.

Ses actes restent extérieurs au bien-être du corps. Jour et nuit le haut dignitaire pense et repense à ce qu'il fait de bien ou de mal. Lui aussi, il se distance du bien-être de son corps. La vie d'un homme s'accompagne dès la naissance de soucis de toute espèce ; s'il vit longtemps, il tombe dans l'abrutissement et finit par se soucier de ne pas mourir. Combien cette condition est misérable et s'éloigne du bien-être du corps. Le héros qui se sacrifie pour ses semblables est considéré par tous comme bon ; cela ne suffit pas à le conserver en vie. Je ne sais si dans ce cas le bien se distingue vraiment du mal. Si je dis qu'un tel bien est le bien, comment se fait-il qu'il ne puisse conserver la personne du héros ? Si je prétends qu'un tel bien n'est pas le vrai bien, comment admettre alors que le héros puisse sauver la vie des autres hommes ?

Ainsi il est dit : « Si tu fais des remontrances justifiées qui ne doivent pas être écoutées, reste tranquille, laisse faire et ne te dispute plus. » Cependant Tseu-siu se disputa tellement qu'il attira le supplice sur son corps[1]. S'il

---

1. Citons ici le commentaire bref de Tch'eng Hiuan-ying. Lorsque le roi du Wou Fou-Tch'ai se plongea dans une vie déréglée de débauche, Tseu-siu lui adressa des remontrances sincères. C'est ainsi qu'il subit une mort atroce à cause de sa fidélité envers Fou-Tch'ai son prince (*Tchouang-tseu Tsi-che*, p. 611).

ne s'était pas disputé, sa gloire n'eût pas été parfaite. Était-ce un bien ? Était-ce un mal ?

Quand j'observe ce pour quoi aujourd'hui le vulgaire agit et ce dont il fait sa joie, je ne sais si cette joie est une vraie joie ou non. Ce dont tout le monde fait sa joie, ce vers quoi la plupart des hommes s'empressent tout droit comme s'ils ne pouvaient faire autrement, tout le monde l'appelle joie ; mais je ne sais s'il y a là joie ou non. Une telle joie existe-t-elle vraiment ou n'existe-t-elle pas ?

Dans le non-agir, selon moi réside la vraie joie. Mais tout le monde le considère comme la plus grande souffrance. Ainsi il est dit : « La joie suprême est sans joie ; la gloire suprême est sans gloire. »

Le vrai et le faux ici-bas ne sauraient être définis, mais le non-agir permet de déterminer le vrai et le faux. Si la joie suprême est de faire vivre la personne, seul le non-agir conserve l'existence. Qu'on me permette d'essayer de m'expliquer : le ciel n'agit pas, d'où sa limpidité ; la terre n'agit pas, d'où sa stabilité. Ainsi les deux s'accordent pour ne pas agir et cependant, par eux, toutes choses se transforment et se produisent. Fuyants, inaccessibles, rien ne surgit d'eux qui soit sensible, et cependant ils donnent naissance à tous les êtres chacun à son rang. Ainsi il est dit : « Le ciel et la terre ne font rien et il n'y a rien qu'ils ne fassent. » Mais qui parmi les hommes est capable de ne pas faire[1] ?

La femme de Tchouang-tseu étant morte, Houei-tseu s'en fut lui offrir ses condoléances. Il trouva Tchouang-tseu assis les jambes écartées en forme de van[2] et chantant en battant la mesure sur une écuelle. Houei-tseu lui dit : « Que vous ne pleuriez pas la mort de celle qui fut la compagne de votre vie et qui éleva vos enfants, c'est déjà assez, mais que vous chantiez en battant l'écuelle, c'est trop fort !

— Du tout, dit Tchouang-tseu. Au moment de sa mort, je fus naturellement affecté un instant, mais réfléchissant sur le commencement, je découvris qu'à l'origine elle n'avait pas de vie ; non seulement elle n'avait pas de vie, mais pas même de forme ; non seulement pas de forme, mais même pas de souffle. Quelque chose de fuyant et d'insaisissable se transforme en souf-

---

1. Le non-agir, selon ce passage, doit indiquer une forme de l'action pure qui imite de près l'opération de la nature concrète. La plupart des actes humains visent toujours la possession des biens matériels d'ici-bas. Seul le non-agir en tant qu'action pure s'exerce pour lui-même. Lui seul procure à l'homme la joie pure de la création qui imite de près la création cosmique.
2. Cette façon de s'asseoir exprime l'orgueil et la négligence.

fle, le souffle en forme, la forme en vie, et maintenant voici que la vie se transforme en mort. Tout cela ressemble à la succession des quatre saisons de l'année. En ce moment, ma femme est couchée tranquillement dans la grande Maison[1]. Si je me lamentais en sanglotant bruyamment, cela signifierait que je ne comprends pas le cours du Destin. C'est pourquoi je m'abstiens. »

L'oncle Difformité et l'oncle Indistinction[2] contemplaient ensemble la tombe où repose le Souverain Jaune sur la colline d'Obscurité dans la région désertique du K'ouen-louen. Soudain tous deux constatèrent qu'un saule leur poussait au coude gauche.

— As-tu horreur de ce qui nous arrive ? demanda l'oncle Difformité après un moment de surprise désagréable.

— Pourquoi en aurais-je horreur ? répondit l'oncle Indistinction. La vie n'est qu'un

1. *Citation du* Che-wen : Sseu-ma P'iao dit : « La Grande Maison ; c'est indiquer le ciel et la terre (qui protègent tout être) » (*Tchouang-tseu Tsi-che*, p. 615).
2. *Opinion du traducteur* : Difformité évoque un état d'âme dans lequel le sage taoïste parvient à oublier son corps dans sa beauté physique ; Indistinction symbolise un état d'âme dans lequel le sage taoïste parvient à délaisser son intelligence et rejoint ainsi le grand tout.

emprunt ; c'est par emprunt qu'on naît. La vie n'est que poussière et ordure. La mort et la vie se succèdent comme le jour et la nuit. D'ailleurs, toi et moi nous sommes ici à contempler un exemple de transformation. Si la transformation me saisit, pourquoi en aurais-je horreur ?

Lorsque Tchouang-tseu se rendait au pays de Tch'ou, il y vit un crâne décharné mais intact. Il le frappa du bout de sa cravache et l'interrogea ainsi : « Est-ce parce que tu as trop aimé la vie et négligé ainsi la loi de la nature que tu es parvenu à cet état ? Est-ce parce qu'on a ruiné ton pays et qu'on t'a retranché par la hache ? Est-ce parce que tu as commis des actes infâmes et que tu es mort de honte, de peur de laisser une mauvaise réputation à ton frère, à ta mère, à ta femme et à tes enfants ? Est-ce parce que tu as subi la misère du froid et de la faim, ou encore parce que tu avais atteint l'âge où l'on meurt naturellement ? »

Après avoir terminé son interrogatoire, Tchouang-tseu tira le crâne près de lui, s'en fit un oreiller et s'endormit. À minuit, le crâne lui apparut en songe et lui dit : « Vous m'avez parlé comme un sophiste, vos paroles ne concernent que les peines de l'homme vivant ; ces peines n'existent plus pour l'homme mort.

Voulez-vous que je vous dise les plaisirs de la mort ?

— Volontiers, dit Tchouang-tseu.

— Après la mort, dit le crâne, on n'a plus de prince au-dessus de soi, ni de subordonnés au-dessous ; on n'a plus les travaux des quatre saisons ; tout à son aise, on a le même âge que le ciel et la terre ; la joie même d'un roi ne saurait surpasser celle de la mort. »

Tchouang-tseu ne voulant pas le croire, lui dit : « Si j'obtenais du gouverneur du Destin que ton corps avec ses os, ses tendons, sa chair, sa peau, te soit rendu et que tu puisses retrouver ton père, ta mère, ta femme, tes enfants, ton village et tes connaissances, le désirerais-tu ? »

Fronçant les sourcils et retroussant le nez, le crâne[1] répliqua : « Comment pourrais-je renoncer à ma joie royale pour rentrer dans les misères humaines ? »

Yen Yuan étant parti à l'est de la principauté de Ts'i, Confucius parut inquiet. Tseu-kong

---

1. Le crâne n'est que la personnification de l'homme mort. L'homme mort selon la logique de l'auteur ressemble à l'homme vivant. Ainsi donc il peut posséder un nez et des sourcils. Ainsi la phrase chinoise n'implique aucune contradiction selon la mentalité chinoise toujours symbolique.

s'écartant de sa natte lui dit : « Oserais-je vous demander pourquoi le voyage de Houei vous inquiète ?

— Ta question est bien posée, répondit Confucius. Jadis Kouan-tseu a prononcé cette parole que j'ai toujours trouvée très vraie : "Un petit sac ne peut contenir un grand objet ; une corde trop courte ne peut atteindre le fond d'un puits." Cette phrase signifie que le Destin détermine toutes choses et que chacune de ses œuvres a son aptitude propre à laquelle on ne peut rien changer. C'est ainsi que je redoute l'événement suivant : Houei va exposer au seigneur de Ts'i les doctrines de Yao, de Chouen et du Souverain Jaune, et les renforcer par les assertions de Souei-jen et de Chen-nong. Le Seigneur de Ts'i cherchera à comprendre les paroles de Houei par sa propre expérience intérieure et n'y parviendra pas. N'y parvenant pas, il se méfiera de son interlocuteur et le mettra à mort.

« Et d'ailleurs, serais-tu seul à ignorer l'histoire suivante ? Jadis un oiseau de mer s'abattit au faubourg de la capitale de Lou. Le seigneur de Lou alla en personne quérir l'oiseau et le porta au temple des ancêtres, où il donna une fête en son honneur. On exécuta devant lui la symphonie du Kieou-chao ; on lui offrit le grand sacrifice. Cependant, l'oiseau, les yeux éblouis et l'air navré ne toucha pas aux viandes et ne goûta pas au vin. Au bout de trois jours il mourut de faim et de soif. C'est que le seigneur l'avait traité comme il se serait traité lui-même et non comme on traite un oiseau. Pour traiter l'oiseau selon sa propre perspective, il fallait le faire percher dans une forêt profonde, le mettre en liberté sur des terrains marécageux et le laisser voguer sur les fleuves et les lacs. Il fallait lui donner pour nourriture des anguilles et de petits poissons, le laisser s'aligner avec les autres oiseaux de son espèce et s'arrêter à son gré. Entendre parler les hommes était déjà un supplice pour ce pauvre oiseau, comment eût-il pu supporter le tintamarre de la musique ?

« Si l'on avait joué la symphonie de Kieou-chao ou la symphonie de Hien-tch'e sur les rives sauvages du lac Tong-T'ing, les oiseaux se seraient envolés, les quadrupèdes se seraient enfuis, les poissons auraient plongé jusqu'au plus profond des eaux. Les hommes, au contraire, se pressaient en cercle autour des musiciens pour assister au spectacle.

« Les poissons vivent dans l'eau ; les hommes y meurent. C'est que les poissons et les hommes sont différents et que leurs besoins élémentaires ne sont pas les mêmes. C'est pourquoi les saints de l'antiquité ne supposaient pas tous les hommes ayant la même capacité et ne les employaient pas à une même tâche. Les honneurs doivent être proportionnés aux mérites réels ; les devoirs doivent être imposés selon les circonstances. En cela résident la compréhension de l'ordre et la préservation du bonheur. »

Lie-tseu au cours d'un voyage prenait son repas au bord du chemin lorsque soudain il aperçut un vieux crâne au milieu de touffes d'herbe. Il arracha les herbes, pointa l'index vers le crâne et lui dit : « Seuls, toi et moi nous savons que tu n'es ni mort ni vivant. Es-tu vraiment malheureux ? Suis-je vraiment heureux ? »

Le germe de vie contient un moteur subtil. Celui-ci forme les plantains d'eau s'il tombe dans les eaux. Il forme les mousses s'il se trouve dans la région entre les eaux et la terre ferme. Il forme les plantains s'il naît sur la colline. Les plantains qui se trouvent au milieu du fumier deviennent des « pieds de corbeau » dont la racine se transforme en larve de hanneton et les feuilles en papillons. Ceux-ci se métamorphosent en peu de temps en insectes qui vivent sous l'âtre ; leur forme ressemble à celle d'une cigale qui vient de sortir de son enveloppe, leur nom est K'iu-to. Au bout de mille jours K'iu-to se métamorphose en un oiseau nommé K'an-Yu-kou. La salive de cet oiseau donne naissance à l'insecte nommé Sseu-mi. Celui-ci devient l'insecte

« mange-vinaigre ». L'insecte « Yi-lou » naît de l'insecte « mange-vinaigre », l'insecte « Houang-kouang » naît de l'insecte « K'ieou-yeou » ; celui-ci naît de l'insecte « Fou-k'ouan ». Les végétaux Yang-hi et Pou-siun sont deux formes alternantes. De vieux bambous sort l'animal rampant qui s'appelle T'sing-Ning ; celui-ci engendre la panthère ; la panthère engendre le cheval ; le cheval engendre l'homme ; l'homme fait retour finalement au moteur subtil. Tous les êtres du monde sortent du moteur subtil et y rentrent tous.

AVOIR UNE PLEINE COMPRÉHENSION DE LA VIE

Celui qui comprend vraiment la vie ne se préoccupe pas de ce sur quoi sa vie ne peut rien faire[1] ; celui qui comprend vraiment le Destin ne se préoccupe pas de ce que son intelligence ne peut rien faire[2]. Pour nourrir le corps, il faut se procurer les biens matériels, certains en possèdent en abondance et cependant leur corps n'est pas nourri. La vie repose sur les soins du corps ; mais il y a ceux dont le corps est bien soigné et dont la vie est prématurément détruite. Quand la vie apparaît en ce monde, personne ne peut la repousser ; quand elle s'en va, personne ne peut la retenir, malgré cela, les gens persistent à croire que nourrir son corps peut conserver la vie. Si la nourriture ne

1. Cette phrase veut dire ceci : « Qui comprend la réalité de la vie ne se soucie pas de ce sur quoi il ne peut agir. »
2. La sagesse contenue dans la deuxième phrase du chapitre est la suivante : « Qui comprend vraiment le Destin renonce à ses efforts humains impuissants pour échapper à l'événement inévitable. »

peut pas conserver la vie, qu'est-ce qui mérite d'être fait en ce monde ? Ce qui ne mérite pas d'être fait, mais qu'on ne peut ne pas faire, on dit que c'est inévitable[1].

Qui veut se dispenser de travailler pour son corps fait mieux que rejeter le monde. Qui rejette le monde n'a pas de lien. Qui n'a pas de lien conserve son équilibre et sa paix. Qui conserve son équilibre et sa paix participe à une vie toute nouvelle et atteint ainsi son but. Pourquoi les occupations quotidiennes méritent-elles d'être abandonnées ? Pourquoi la vie mérite-t-elle d'être délaissée ? Qui abandonne ses occupations ne fatigue plus son corps. Qui délaisse sa vie n'altère plus son âme. Qui garde l'intégrité de son corps et de son âme fait un avec le ciel. Le ciel et la terre sont le père et la mère de tous les êtres. Par leur union, ils forment le corps ; par leur séparation, on retourne à l'origine. Ainsi, qui garde l'intégrité de son corps et de son âme sait s'adapter à toute circonstance changeante. S'il perfectionne son art d'adaptation, il deviendra le collaborateur du ciel.

---

1. L'auteur dans sa dernière phrase admet deux idées distinctes : 1° les travaux auxquels l'homme vaque pour gagner son pain quotidien ne comportent pas une valeur méritoire, car ils ne peuvent assurer infailliblement sa vie ; 2° ces travaux impliquent une valeur obligatoire, car il est impossible qu'un homme assure sa vie sans travailler.

Maître Lie-tseu demanda à Kouan Yin : « L'homme parfait n'est pas asphyxié en nageant sous les eaux ; il n'est pas brûlé en marchant sur le feu ; il ne tremble pas de vertige lorsqu'il s'élève au-dessus de tous les êtres du monde. Permettez-moi de vous demander comment il parvient à une pareille invulnérabilité ?

— Cela vient, répondit Kouan Yin, de ce qu'il a conservé un souffle pur, mais non de son intelligence, son habileté, sa fermeté ou son audace. Asseyez-vous, je vais vous expliquer cela. Tout ce qui a un visage, une forme, une couleur et qui émet des sons est un être. Comment ces êtres peuvent-ils se distinguer les uns des autres ? Puisqu'ils ne sont que des formes, comment l'un d'eux peut-il surpasser les autres en quoi que ce soit ? Mais l'être qui parvient au sans-forme se tient dans ce qui est sans transformation. S'il va jusqu'au bout de cela, comment pourrait-il être entravé par d'autres êtres ? Il a saisi la juste mesure, l'essence cachée, la fin et le commencement de tous les êtres. Il unifie sa nature, nourrit son souffle, rejoint la vertu primitive et peut ainsi communier avec la création cosmique. Un tel homme garde l'intégrité de sa nature céleste, son âme est sans faille. Comment les autres êtres pourraient-ils pénétrer en lui ?

« Citons ici le cas de l'ivrogne qui, tombant d'une voiture, pourra être contusionné mais jamais tué. Ses os et ses articulations sont identiques à ceux des autres hommes ; mais le choc qui aurait tué un homme dans son état normal ne suffit pas pour le tuer. C'est que son âme reste intacte de par l'ivresse et qu'il n'a pas conscience d'être en voiture et d'en tomber. La surprise, la crainte de la mort et de la vie ne pénètre pas en lui, et il choit durement sans en éprouver la moindre frayeur. Si le vin lui sauve la vie, comment le ciel ne pourrait-il sauver les hommes ? Ainsi le saint qui se réfugie dans le ciel, rien ne saurait le blesser.

« Celui qui veut venger le meurtre de ses parents ne brise pas les épées Meou et Kan utilisées par le meurtrier ; le rancunier ne saurait avoir de ressentiment contre la tuile qui tombe sur lui.

« Si l'on observait ce principe, le monde entier serait en paix et en équilibre. Il n'y aurait plus alors d'agression ni de guerre, ni de tuerie ; ni d'assassinats. Il ne faut pas se tourner vers la perspective de l'homme, mais vers la perspective du ciel. Aller vers le ciel, c'est faciliter la vie. Aller vers l'homme, c'est détruire la vie. Ne pas opprimer le ciel et ne pas négliger l'homme, c'est ainsi que le peuple retrouve sa nature véritable. »

Alors que Confucius se rendait dans le pays de Tch'ou, il vit au sortir d'un bois un bossu qui attrapait des cigales au bout d'une perche aussi sûrement qu'il les aurait ramassées par terre.

— Vous êtes vraiment habile, lui dit Confucius. Avez-vous une méthode ?

— J'ai, répondit le bossu, la méthode que voici : pendant cinq ou six mois je m'exerce à maintenir l'une sur l'autre des boules sur la perche et quand je suis arrivé à en maintenir deux, je manque encore quelques cigales. Quand je suis arrivé à en maintenir trois, je n'en manque plus qu'une sur dix. Quand je suis arrivé à cinq, j'attrape les cigales comme si je les ramassais. À ce stade, je maintiens mon corps immobile comme un tronçon d'arbre plongé dans le sol. Je tiens mon bras inerte comme une branche d'arbre desséchée. Au milieu de l'immensité de l'univers et de la multiplicité des choses, je ne connais plus que les cigales, je ne me retourne ni ne me penche. Je n'échangerais pas les ailes d'une cigale contre tous les êtres du monde, comment ne les attraperais-je pas ?

Se tournant vers ses disciples, Confucius leur dit : « La concentration d'esprit rend pareil à un dieu. Ce dicton ne s'applique-t-il pas à ce vieux bossu ? »

Yen Yuan demanda à Confucius : « J'ai traversé une fois le gouffre "coupe profonde". Le passeur manœuvrait son bac comme un dieu.

Je lui demandai : "Une telle habileté peut-elle s'apprendre ?

« — Oui, me répondit-il, un bon nageur y parvient au moyen d'exercices répétés, mais un plongeur le manœuvre sans même avoir jamais vu un bateau."

« Je n'ai pu obtenir d'autres explications ; permettez-moi de vous demander ce que signifient les paroles du passeur.

— Un bon nageur, répondit Confucius, y arrive en s'exerçant parce qu'il oublie l'existence de l'eau ; un plongeur le sait instinctivement, parce qu'il considère le gouffre comme une colline et une culbute du bac comme le recul d'un char. Les mille manières de culbuter et de reculer qui se présentent à lui ne l'affectent pas intérieurement. Quoi qu'il arrive, il se sent à son aise.

« Si l'enjeu d'une partie est une tuile, tout joueur sera adroit ; si c'est une agrafe de ceinture, le joueur ressentira une légère frayeur ; si c'est un objet en or, il sera confondu. L'adresse du joueur reste la même, mais son émotion vient de son attachement au bien extérieur. Ainsi celui qui s'attache au bien extérieur n'aura que maladresse en son for intérieur. »

Un jour que T'ien K'ai-tche rendait visite au duc Wei des Tcheou, le duc lui dit : « J'ai ouï dire que Tch'ou Hien a étudié le problème de la conservation de la vie et que vous vous êtes mis à son école. Qu'avez-vous appris de lui ?

— Comment puis-je vous dire ce que j'ai appris de mon maître ? répondit K'ai-tche, je ne faisais que manier le balai en me tenant à son service près de la porte de la cour.

— Ne vous excusez pas, maître T'ien, dit le duc, je désire vous entendre sur ce problème.

— Voici ce que j'ai appris du maître, dit K'ai-tche : "Qui sait ménager sa vie imite le berger qui fouette les derniers moutons de son troupeau."

— Qu'est-ce à dire ? dit le duc.

— Voici mes exemples, dit K'ai-tche. Dans le pays de Lou, un certain Chan P'ao, habitant au milieu des rochers et ne buvant que de l'eau, n'avait aucun rapport de profit avec les hommes. Parvenu à l'âge de soixante-dix ans, il conservait le teint d'un bébé. Malheureusement, il rencontra un tigre affamé qui le tua et le mangea. Un certain Tchang Yi se démenait autour de toutes les hautes portes et de toutes les tentures suspendues[1]. À l'âge de quarante ans il attrapa une fièvre interne et en mourut. Chan P'ao soignait son intérieur, mais le tigre le

1. Ces deux expressions doubles symbolisent les riches et les nobles de la Chine. Car seuls les gens riches et nobles possèdent des portes élevées et des jalousies qui pendent aux fenêtres.

dévora à l'extérieur. Tchang Yi soignait ce qui pourvoyait aux besoins extérieurs de son corps, mais la maladie attaqua sa constitution interne. Tous deux eurent le tort de ne pas fouetter leurs derniers moutons.

« Confucius a dit : "Se cacher sans exagérer l'intériorisation, se montrer sans exagérer l'extériorisation, tenir le juste milieu, voilà les trois choses qui permettent d'accéder au sommet de la réputation." »

« Les gens craignent trop souvent les mésaventures des voyages. Lorsque sur dix voyageurs un a été tué sur la route, le père et le fils, le frère aîné et le frère cadet se mettent en garde mutuellement et n'osent sortir qu'avec une suite nombreuse. Cela ne montre-t-il pas leur prudence ? Mais sur ce que tout le monde doit craindre le plus, à savoir le lit, le manger et le boire, là-dessus personne ne pense à se mettre en garde. Là est l'erreur. »

Un prieur des sacrifices, en robe noire de cérémonie coupée droit, s'approchait de l'enclos des porcs et cherchait à convaincre les animaux en leur disant : « Pourquoi auriez-vous horreur de mourir ? Je vais vous engraisser durant trois mois en vue du sacrifice. Puis, je garderai, moi, l'abstinence pendant dix jours et jeûnerai durant trois jours. Alors je coucherai vos épaules et vos jambes sur un lit de roseaux blancs et les placerai sur une table à offrande sculptée. Êtes-vous d'accord ? » Si un homme songeait au bien des porcs, il préférerait les nourrir avec du son et des tourteaux et les laisser dans leur enclos. S'il songe à son bien propre, l'homme désire les honneurs de la voiture et du bonnet pendant sa vie, et lors de sa mort un cercueil décoré. Ce qu'il enlèverait aux porcs pour leur bien, il l'adopte pour son propre bien. Pourquoi en irait-il autrement pour lui que pour les porcs ?

Le duc Houan de Ts'i chassait dans la lande et son ministre Kouan Tchong conduisait le char. Le duc aperçut un esprit. Il posa sa main sur celle du ministre : « Que voyez-vous ? lui demanda-t-il.

— Je ne vois rien », dit le ministre.

Revenu à son palais, le duc se sentit très las, tomba malade et ne put sortir de sa chambre pendant trois jours. Un gentilhomme de Ts'i nommé Houang-tseu Kao-ngao vint le voir et lui dit : « Duc, votre mal vient de vous-même. Comment pourrait-il venir d'un esprit ? Si le souffle du mécontentement se disperse hors du corps de l'homme et n'y revient pas, celui-ci devient débile ; s'il monte au haut du corps sans descendre, l'homme devient irascible ; s'il descend vers le bas du corps sans remonter, l'homme devient oublieux ; s'il se fixe au milieu du corps dans la région du cœur, cela le rend malade.

— Mais, repartit le duc, y a-t-il donc des esprits ?

— Certainement, répondit Houang-tseu. Le réchaud portatif[1] est occupé par l'esprit aux souliers ; le fourreau par l'esprit au chignon ; dans le fumier à l'intérieur de la porte loge l'esprit Tonnerre. Au bas du recoin nord-est de la maison s'agite l'esprit Grenouille et Lézard ; au bas du recoin nord-ouest l'esprit Lumière qui déborde ; sous l'eau, l'esprit Image fuyante, et sur la colline, l'esprit Luxuriance[2] ; dans la montagne habite K'ouei, l'esprit à une seule patte ; dans la campagne inculte, l'esprit Hésitant ; dans la lande, l'esprit Serpentement[3].

---

1. *Opinion du traducteur* : L'esprit aux souliers doit régir le réchaud portatif qui a pour but de chauffer les pieds.
2. Voici notre explication : Comme c'est sur la colline que les arbres et les herbes poussent en masse, il s'ensuit que l'esprit Luxuriance doit régner sur la colline verdoyante.
3. Wei-T'o = suivre serpent = suivre le serpentement du réel ; changement = esprit d'adaptation. Nous n'osons pas traduire cette expression double par « esprit d'adaptation » car celui-ci risque de faire évanouir l'image concrète, c'est-à-dire celle de suivre le réel dans sa sinuosité imprévisible. Et pourtant c'est l'esprit d'adaptation qui doit faire d'un prince puissant d'une principauté un hégémon, c'est-à-dire le guide de tous les princes des autres principautés de la Chine à l'époque du printemps et de l'automne (ou période Chunqiu, – 722 à – 481, *NdÉ*).

— Permettez-moi de vous demander comment se présente cet esprit ? demanda le duc.

— Il est gros, dit Houan-tseu, comme le moyeu d'un char, long comme un timon, vêtu de violet et coiffé de rouge. Il a horreur d'entendre le roulement du char en tonnerre, quand il l'entend, il se redresse en se bouchant les oreilles. Qui le voit sera bientôt hégémon.

— C'est celui-là que j'ai vu », dit le duc en riant de plaisir. Aussitôt il remet de l'ordre dans son costume et sa coiffure et s'assied de nouveau auprès de son interlocuteur. Avant la fin de la journée il ne savait même plus comment son mal était parti.

Ki Sing-tseu dressait un coq de combat pour le roi. Au bout de dix jours, on lui demanda : « Le coq est-il prêt ?

— Non, répondit-il, l'oiseau est encore gonflé d'orgueil et sûr de son souffle. »

Dix jours plus tard, interrogé de nouveau, il répondit : « Pas encore, l'oiseau réagit encore aux autres coqs comme l'écho ou l'ombre. »

Dix jours plus tard, à celui qui l'interrogea, il répondit : « Pas encore, ses regards sont encore vifs et son souffle encore puissant. »

Enfin dix jours plus tard il déclara : « Le coq est à peu près prêt. Il ne s'émeut plus au chant d'un autre coq. À le voir on dirait un coq de bois. Sa vertu est parfaitement intacte. Aucun autre coq n'osera l'affronter ; tout coq lui tournera le dos et s'enfuira. »

Confucius admirait la cataracte de Liu-leang dont la chute mesurait trente toises et dont l'écume s'étendait sur quarante stades. Dans cette écume, ni tortue géante, ni caïman, ni poisson, ni trionyx ne pouvaient s'ébattre. Soudain, Confucius vit un vieil homme qui nageait dans les remous. Le prenant pour un désespéré, il donna l'ordre à ses disciples de suivre la berge et de le retirer de l'eau. À quelques centaines de pas plus bas, l'homme sortit de l'eau par ses propres moyens. Les cheveux épars et tout en chantant il se promena au bas du talus. Confucius l'ayant rejoint, lui dit : « J'ai failli vous prendre pour un esprit, mais je vois que vous êtes un homme. Permettez-moi de vous demander quelle est votre méthode pour pouvoir nager si aisément dans l'eau.

— Je n'ai pas de méthode spéciale, répondit l'homme. J'ai débuté par accoutumance ; puis cela est devenu comme une nature ; puis comme mon destin. Je descends avec les tourbillons et remonte avec les remous. J'obéis au mouvement de l'eau, non à ma propre volonté. C'est ainsi que j'arrive à nager si aisément dans l'eau.

— Que voulez-vous dire, demanda Confucius, par les phrases suivantes : j'ai débuté par accoutumance ; je me suis perfectionné naturellement ; cela m'est devenu aussi naturel que mon destin ?

— Je suis né dans ces collines, répondit-il, et j'ai vécu à l'aise ; c'est l'accoutumance ; j'ai grandi dans l'eau et je m'y trouve à l'aise, c'est la nature ; je nage ainsi sans savoir comment, c'est le destin. »

Le menuisier K'ing fit, pour une batterie de cloches un support qui frappa les yeux de tous les visiteurs comme s'il avait été l'œuvre d'un dieu. Le seigneur de Lou l'ayant vu lui demanda quelle était sa méthode.

« Je suis un simple artisan, répondit K'ing, comment pourrais-je avoir une méthode ? Et pourtant j'en ai une. Avant de travailler à mon support, je me gardai de dissiper mon énergie ; j'ai gardé l'ascèse afin de calmer mon esprit. Après trois jours d'ascèse, je ne songeais plus aux félicitations ni aux récompenses, ni aux titres, ni aux salaires. Après cinq jours, je ne songeais plus aux critiques ni aux éloges, à l'adresse ni à la maladresse. Après sept jours, j'oubliai brusquement que j'avais quatre membres et un corps. À ce moment, la cour de votre Altesse n'existait plus pour moi. L'art m'absorbait si profondément que tout tracas du monde extérieur disparut. J'allai alors dans une forêt de la montagne et me mis à observer la nature des arbres. Ce ne fut que lorsque mes regards tombèrent sur des formes parfaites que la vision de mon support surgit en moi et que je commençai à y mettre la main. Sans cela c'en aurait été fait de mon travail. C'est sans doute grâce à la conformité parfaite entre ma nature et celle de l'arbre que mon œuvre paraît être celle d'un dieu. »

Tong-ye Tsi se présenta au duc Tchouang pour lui faire montre de son talent de cocher. Ses chevaux avançaient et reculaient comme sur une ligne droite tracée au cordeau. Ils décrivaient à gauche et à droite des cercles aussi parfaits que si on les eût tracés au compas.

Le duc considéra que le célèbre Tsao-fou[1] ne pouvait plus surpasser tout cela. Ainsi il demanda à Tsi de faire cent tours sur une piste

1. Tsao-fou était le meilleur écuyer qui ait obtenu la faveur du roi Mou des Tcheou. Lorsque celui-ci inspectait la Chine de l'ouest et s'attardait à son retour, le roi Siu Yen se révolta contre le pouvoir royal. Ce fut ainsi que le roi Mou galopa mille stades par jour pour contre-attaquer le roi Siu Yen et mit en déroute ce dernier. Après la victoire, le roi Mou donna Tchao-Tcheng comme fief à Tsao-fou qui prit Tchao comme son nom de famille (*Ts'eu Hai*, p. 1319).

comme en suivant la boucle d'une agrafe. Yen Ho, qui passait, vit cette chevauchée et dit au duc : « Les chevaux vont être éreintés. » Le duc, silencieux, ne répondit pas. Peu après, en fait, les chevaux éreintés, durent être ramenés. Alors le duc demanda à Yen Ho : « Comment avez-vous pu prévoir ce qui est arrivé ?

— C'est, dit Yen Ho, que je l'ai vu pousser des chevaux dont les forces étaient déjà épuisées. »

L'artisan Chouei tournait des objets aussi parfaits que s'ils eussent été faits au compas et à l'équerre ; son doigt suivait la forme des choses sans que sa conscience intervînt. Il atteignait à une telle habileté parce que son âme, étant concentrée, était libre d'entrave.

Faire oublier l'existence des pieds, c'est l'adaptation parfaite des souliers ; faire oublier l'existence des reins, c'est l'adaptation parfaite de la ceinture ; faire oublier la distinction entre le pour et le contre donne la mesure de l'adaptation parfaite de l'esprit humain ; ne subir aucun changement intérieur et ne pas se laisser diriger par le monde extérieur, c'est s'adapter toujours et dans tous les cas, c'est posséder une faculté d'adaptation qui s'oublie elle-même.

Un certain Souen Hieou venait souvent à la porte du Maître Pien K'ing-tseu et se plaignait en lui disant : « Dans mon village on ne disait pas que je ne me perfectionnais pas ; devant le danger, nul ne disait que je manquais de courage. Et pourtant, en travaillant la terre, je n'ai jamais eu de bonnes récoltes ; en servant le prince, je n'ai jamais eu d'occasions propices. Expulsé de mon village et chassé de ma province, quel crime ai-je donc commis envers le ciel ? Pourquoi ai-je rencontré un pareil sort ?

— N'avez-vous jamais entendu parler du comportement de l'homme parfait ? repartit Maître Pien. L'homme parfait oublie qu'il a un foie et une vésicule biliaire, ne se soucie ni de ses oreilles ni de ses yeux ; il se promène sans but en dehors du monde poussiéreux et trouve sa liberté dans la pratique du non-agir. Cela veut dire qu'il agit sans rien attendre et guide les hommes sans les contraindre. Vous vous parez de vos connaissances pour éblouir les ignorants ; vous cultivez votre personne pour souligner les défauts des autres hommes ; vous faites le brillant comme quelqu'un qui paraderait en tenant à la main la lune et le soleil. Votre corps est intact, vos neuf orifices sont au complet, vous n'êtes devenu ni sourd, ni aveugle, ni boiteux au milieu de votre âge ; vous tenez votre place parmi les hommes. En tout cela vous avez bien de la chance. Pourquoi vous en prenez-vous au ciel ? Allez-vous-en. »

Quand Souen Hieou fut parti, Maître Pien rentra chez lui, s'assit quelques instants, leva les yeux au ciel et soupira.

— Pourquoi soupirez-vous, Maître ? lui demandèrent ses disciples.

— Tout à l'heure Souen Hieou est venu et je lui ai parlé des vertus de l'homme parfait. Je crains fort qu'il n'en soit trop surpris et ne finisse par en être troublé.

— Nous ne le pensons pas, répondirent ses disciples. Si ce qu'a dit Souen Hieou est vrai et si ce que vous lui avez dit est faux, il est évident que l'erreur ne saurait troubler la vérité. Si ses paroles étaient fausses et les vôtres vraies, Souen Hieou était déjà troublé avant de venir vous voir. Qu'avez-vous donc à vous reprocher ?

— La chose n'est pas si simple, répliqua Maître Pien. Jadis un oiseau se posa dans un faubourg de la capitale de Lou. Le seigneur de Lou en fut enchanté. Il lui offrit un grand sacrifice. Il fit exécuter la symphonie Kieou-chao pour lui faire plaisir. L'oiseau prit dès lors un air navré et, les yeux éblouis, n'osa ni boire ni manger. C'est que le seigneur avait traité l'oiseau comme il se serait traité lui-même. Pour traiter l'oiseau en oiseau, il eût fallu le laisser percher dans une forêt profonde et vaquer dans les fleuves et les lacs où il eût trouvé pour nourriture des anguilles, puis le lâcher dans la plaine.

« Souen Hieou est un homme borné et inculte. En lui exposant les vertus de l'homme parfait, j'ai fait comme celui qui transporterait une souris avec un char et des chevaux ou qui donnerait à une caille un concert de cloches et de tambours. Comment ces petites bêtes n'en seraient-elles pas troublées ?

DISCOURS SUR L'ÉPÉE

Jadis le roi Wen de Tchao était passionné d'escrime à l'épée. Les bretteurs se pressaient comme clients à sa porte au nombre de plus de trois mille. Ils se battaient jour et nuit devant le roi. Chaque année, plus de cent bretteurs étaient tués ou blessés dans ces joutes. Le roi s'y plaisait et ne s'en lassait point. Ainsi trois ans s'écoulèrent. Le royaume s'affaiblit, les feudataires voisins complotaient pour attaquer.

Le prince héritier K'ouei s'en inquiéta. Il convoqua son entourage et dit : « À quiconque pourra persuader le roi de mettre fin à ces combats de bretteurs, je donnerai mille louis d'or.

— Seul Tchouang-tseu en serait capable », dit-on.

Aussitôt le prince fit envoyer un messager qui offrit mille louis d'or à Tchouang-tseu. Celui-ci n'accepta pas le présent mais suivit le messager auprès du prince héritier.

— Qu'avez-vous à me dire, que vous m'ayez offert mille louis d'or ? demanda-t-il au prince.

— Tout le monde dit que vous êtes un saint éclairé, dit le prince. Aussi vous ai-je offert respectueusement mille louis d'or comme présent de votre suite. Vous avez refusé mon offre. Comment oserais-je alors vous dire ce que je désire de vous ?

— J'ai ouï dire, dit Tchouang-tseu, que vous désirez que je guérisse le roi votre père d'une certaine passion. Si mon conseil de se défaire de cette passion est contraire au roi, qu'ainsi je ne réalise pas votre vœu, la peine de mort me frappera. Dans ce cas, à quoi bon votre or ? Si je réussis à persuader le roi et que je réalise ainsi votre vœu, quelle demande le royaume pourrait-il me refuser ?

— Bien, ajouta le prince, mais notre roi ne veut voir que des bretteurs.

— Je sais, repartit Tchouang-tseu, je tire moi-même fort bien de l'épée.

Le prince souligna ceci : « Les bretteurs que voit le roi ont les cheveux en désordre, avec des mèches en avant sur les tempes, ils se coiffent d'un bonnet rabattu aux rubans non ornés ; ils portent une veste écourtée par-derrière, ils écarquillent les yeux et parlent avec difficulté. Le roi n'aime que ce genre. Si vous vous présentez à lui en robe de lettré, l'affaire ne pourra pas marcher.

— Alors, dit Tchouang-tseu, faites-moi un costume de bretteur. »

Trois jours plus tard, le prince présenta au

roi Tchouang-tseu costumé en bretteur. Le roi l'attendit l'épée nue à la main. Tchouang-tseu franchit le seuil de la salle sans se presser, et lorsqu'il vit le roi, ne s'inclina pas.

— Qu'avez-vous à me dire, lui demanda le roi, que vous vous fassiez introduire à moi par mon fils ?

— J'ai ouï dire, répondit Tchouang-tseu, que vous aimiez les duels à l'épée. J'ai donc demandé audience pour vous faire voir ce que je sais en ce genre.

— Quelles sont vos capacités de défense en escrime ? demanda le roi.

— Faites-moi rencontrer un bretteur tous les dix pas sur une longueur de mille stades, je ne serais pas arrêté.

— Vous êtes donc imbattable dans le monde entier, dit le roi ravi.

— Mon art, dit Tchouang-tseu, consiste en ceci : je fais voir mon vide ; j'ouvre le combat en attirant mon adversaire par un avantage apparent ; j'attaque le dernier, mais je touche le premier. Permettez-moi de vous montrer la chose.

— Reposez-vous d'abord, dit le roi. Attendez dans votre logement. Quand les préparatifs auront été faits, je vous ferai mander.

Alors le roi fit mettre ses bretteurs à l'épreuve durant sept jours de suite. Plus de soixante furent tués ou blessés. Le roi choisit les cinq ou six plus habiles et leur fit présenter l'épée au bas de la grande salle. Puis il fit mander Tchouang-tseu et lui dit : « Aujourd'hui vous allez vous mesurer avec mes bretteurs.

— Voici longtemps que j'attends ce jour, dit Tchouang-tseu.

— Quelles sont les dimensions de votre arme ? demanda le roi.

— Toute épée me va, répondit Tchouang-tseu. Cependant il en est trois qui seraient seules propres à l'usage de Votre Majesté. Je vais vous expliquer d'abord en quoi consistent ces trois épées, et je les essaierai aussitôt après.

— Explique-moi, dit le roi, quelles sont ces trois épées.

— Ce sont, répondit Tchouang-tseu, l'épée du Fils du Ciel, l'épée du feudataire et l'épée de l'homme commun.

— Qu'est-ce que l'épée du Fils du Ciel ? demanda le roi.

— C'est, dit Tchouang-tseu, l'épée dont les fortifications de Yen-k'i et Che-tch'eng dans la principauté de Yen au nord de la vôtre représentent la pointe ; les principautés de Ts'i et de Tai à l'est en sont le tranchant ; celles de Tsin et de Wei en sont le dos ; celles de Tcheou et de Song voisines de la vôtre au sud en sont la garde ; celles de Han et de Wei, la poignée. Elle est entourée par la mer Po et bordée par le mont Tch'ang qui en forment la protection naturelle ; elle est enveloppée sur ses quatre côtés par les barbares ; elle a pour fourreau les quatre saisons de l'année ; elle se préside par les cinq éléments et assure justice par les punitions et récompenses ; elle se déguise selon l'Obscurité et la Lumière, se maintient comme le printemps et l'été, agit comme l'automne et l'hiver. Il n'y a rien qui tienne devant elle quand on la pousse d'estoc ; ni au-dessus d'elle quand on l'élève ; ni au-dessous d'elle quand on l'abaisse ; ni à côté d'elle quand on la brandit. Elle fend en haut les nuages flottants et rompt en bas la trame de la terre. Quiconque s'en sert d'elle régira les princes feudataires et soumettra le monde entier. Telle est l'épée du Fils du Ciel. »

Le roi Wen confondu demanda : « Qu'est-ce que l'épée du feudataire ?

— C'est, dit Tchouang-tseu, l'épée dont les braves représentent la pointe, les intègres le tranchant, les sages le dos, les fidèles la garde, le héros la poignée. Il n'y a rien qui tienne devant elle quand on la pousse d'estoc, ni au-dessus d'elle quand on l'élève, ni au-dessous d'elle quand on l'abaisse, ni à côté d'elle quand on la brandit. En haut, elle prend pour modèle le ciel rond et se conforme aux trois corps lumineux (soleil, lune et étoiles) ; en bas, elle prend pour modèle la terre carrée et se conforme aux quatre saisons ; au milieu, elle répond à la volonté générale du peuple et pacifie ainsi le pays entier. Quiconque se sert d'elle fera l'effet d'un coup de tonnerre. Tous les habitants d'entre les quatre frontières se soumettront aux feudataires et écouteront leurs ordres princiers. Telle est l'épée du feudataire.

— Qu'est-ce que l'épée de l'homme du commun ? demanda le roi.

— Celui qui manie l'épée de l'homme du commun, dit Tchouang-tseu, a les cheveux en désordre avec deux mèches en avant sur les tempes ; il se coiffe d'un bonnet rabattu aux rubans non ornés ; il porte une veste écourtée par-derrière ; il écarquille les yeux et parle avec difficulté. Il se bat devant les spectateurs ; en haut il tranche la gorge et le cou de son adversaire ; en bas il perce son foie et son poumon ; celui-là ne diffère pas d'un coq de combat ; un jour il périra dans sa lutte mortelle. Il ne sert à rien pour les affaires du royaume. Grand roi, vous qui pouvez avoir le trône du Fils du Ciel, vous aimez l'épée de l'homme du commun, je me permets de faire fi de vous, grand roi ! »

Le roi prit Tchouang-tseu par le bras et monta avec lui à la grande salle où le chef de cuisine avait servi le festin. Trois fois il tourna autour de la table tout éperdu.

— Remettez-vous et prenez place tranquillement, lui dit Tchouang-tseu, mon discours sur l'épée est terminé.

Sur quoi, pendant trois mois le roi Wen ne sortit pas de son palais. Tous ses bretteurs moururent couchés sur place.

LE VIEUX PÊCHEUR

Se promenant dans la forêt de la Tente noire, Confucius s'assit pour se reposer sur le tertre aux Abricotiers. Les disciples lisaient, le maître toucha du luth et se mit à chanter un air. Il n'en était pas à la moitié de son chant quand survint un vieux pêcheur qui descendit de sa barque. La barbe et les sourcils blancs, les cheveux épais et les manches tirées, le vieillard gravit la berge et s'arrêta sur la hauteur. Il posa la main gauche sur son genou, prit son menton dans sa main droite et écouta la fin de l'air. Puis il fit signe de la main à Tseu-kong et à Tseu-lou qui répondirent à son appel.

— Qui est celui-ci ? demanda le vieillard en indiquant Confucius.

— C'est, répondit Tseu-lou, le gentilhomme de Lou.

— Quel est son nom de clan ? demanda le vieillard.

— Son nom de clan est K'ong, répondit Tseu-lou.

— Que fait le maître K'ong ? demanda le vieillard.

Tseu-lou ne répondit pas. Tseu-kong répondit : « Le maître K'ong est porté de nature à la fidélité et à la bonne foi ; il pratique la bonté et la justice ; il cultive les ornements des rites et de la musique ; il est pointilleux sur l'observance des relations familiales et sociales ; en haut il est loyal envers le prince de son temps ; en bas il vise à réglementer le peuple par l'influence convertissante de la morale. En un mot, il veut le bien du monde. Voilà donc ce dont le maître K'ong s'occupe.

— Est-il le prince d'un territoire ? demanda le visiteur.

— Non, dit Tseu-kong.

— Est-il l'assistant d'un feudataire ou d'un roi ? demanda le visiteur.

— Non », dit encore Tseu-kong.

Le vieillard rit et s'en retourna en disant : « Pour être bon, il est bon. Mais je crains qu'il ne compromette sa personne, fatigue son esprit, et use son corps, ce qui met en péril ce qu'il y a de vrai en lui. Hélas ! Qu'il est loin du Tao ! »

Tseu-kong rapporta ces paroles à Confucius qui repoussa le luth dont il jouait, se leva en disant : « Est-ce un saint ? » et descendit la berge pour chercher le vieillard. Quand il arriva au bord du lac, le vieillard s'appuyait justement sur sa gaffe pour tirer à lui la barque. À la vue de Confucius, il s'arrêta et se tourna vers lui. Confucius recula, s'inclina deux fois, puis avança.

— Que désirez-vous de moi ? demanda le visiteur.

— Tout à l'heure, répondit Confucius, vous êtes parti laissant votre discours inachevé. Indigne que je suis, je ne sais ce que vous vouliez dire. Je me permets d'attendre vos instructions. Ce serait une chance rien que de vous entendre tousser et cracher pour finir de m'aider.

— Hé, hé, s'écria le visiteur, que vous êtes studieux !

Confucius s'inclina deux fois, puis se relevant, dit : « Depuis ma jeunesse jusqu'à cet âge de soixante-neuf ans je n'ai pas cessé d'étudier. Mais je n'ai jamais reçu jusqu'ici l'enseignement suprême. Oserais-je ne pas vider humblement mon esprit pour l'accueillir ?

— Qui se ressemble se suit, dit le visiteur. Qui a même voix se répond : c'est la loi naturelle. Permettez-moi donc de vous expliquer ce que je connais, car cela pourra faciliter votre tâche. Votre tâche consiste à vous occuper des affaires des hommes. Si le Fils du Ciel, les feudataires, les grands officiers et les gens du peuple remplissent chacun leurs fonctions propres, c'est là le parfait ordre social ; si ces quatre classes ne remplissent pas leurs fonctions propres, c'est le comble du trouble social. Pour que tout trouble disparaisse de la société des hommes, il faut que les dirigeants remplissent leurs fonctions propres et que les gens du peuple se préoccupent de leurs affaires.

« Laisser les champs en friche et les maisons en ruine, l'indigence en matière de vêtements et de nourriture, l'insuffisance des taxes et des contributions, la mésentente entre l'épouse et les concubines, le manquement à la hiérarchie entre les âgés et les jeunes, voilà ce dont les gens du peuple ont à s'occuper.

« Ne pas être compétent pour faire face à sa charge, ne pas vaquer aux affaires officielles, se conduire sans intégrité, se laisser entourer de subordonnés négligents et paresseux, n'acquérir ni mérites ni perfection, ne pas maintenir les titres et les appointements, voilà la préoccupation des grands officiers.

« Manquer de ministres fidèles à la cour, laisser la principauté dans la confusion et le désordre, être dépourvu d'artisans et de techniciens habiles, ne pas recevoir de tributs de belle qualité, être en retard pour la réunion officielle des princes collègues au printemps et en automne, ne pas obéir au Fils du Ciel, voilà ce dont les feudataires doivent se préoccuper.

« Le déséquilibre entre Obscurité et Lumière qui empêche le froid et la chaleur de subvenir à temps, ce qui nuit à tous les êtres ; la violence et le désordre chez les feudataires qui entrent en lutte les uns avec les autres, ce qui est funeste au peuple ; les rites et la musique mal réglés, les finances épuisées, l'ordre dans les relations sociales négligé, l'excès et le désordre sévissant dans le peuple, telles sont les préoccupations du Fils du Ciel et de ses ministres.

« Or, vous qui ne possédez ni l'autorité d'un prince, d'un feudataire ou d'un ministre, ni les fonctions d'un grand courtisan ou d'un administrateur, vous prétendez cultiver les ornements des rites et de la musique ; vous vous montrez pointilleux sur l'observance des relations sociales, vous visez à réglementer le peuple par l'influence convertissante de la morale. N'est-ce pas beaucoup ?

« D'ailleurs, il y a huit vices en ce qui concerne les hommes et quatre abus en ce qui concerne les affaires. Il faut y prendre garde.

« Faire ce qu'on n'a pas à faire, c'est le vice consistant à monopoliser. Offrir son conseil aux gens qui n'en ont cure, c'est se conduire en rhéteur. Qui va au-devant de l'intention des gens est un flatteur. Qui parle sans choisir entre le vrai et le faux est un flagorneur. Qui aime à souligner les défauts des gens est un dénigreur. Qui brouille les amis et divise les familles est un perturbateur. Qui loue et calomnie pour perdre autrui est un corrupteur. Qui, sans choisir entre le bien et le mal, s'accommode aux gens avec duplicité pour leur soutirer ce qu'il désire est un aventurier. Ces huit vices peuvent égarer les autres à l'extérieur et portent préjudice intérieurement. À ceux qui s'en rendent coupables, de ceux-ci un gentilhomme ne veut pas pour amis et un prince éclairé ne veut pas pour ministres.

« Les quatre abus dans la conduite des affaires sont les suivants : aimer à s'occuper de grandes affaires, profiter des situations anormales pour se faire un renom par succès, c'est ce qu'on appelle l'ambition. Chercher à accaparer les affaires en se prévalant de son savoir et en empiétant ainsi sur la tâche des autres, c'est ce qu'on appelle l'avidité. Voir ses fautes sans les corriger, entendre des remontrances et faire plus mal encore, c'est là être endurci. N'approuver que ceux qui sont de votre avis et dénigrer ceux qui vous contredisent en dépit de leur qualité, c'est l'orgueil. Seul celui qui peut se défaire de ces huit vices et éviter ces quatre abus est susceptible d'être enseigné. »

Soupirant d'émotion, Confucius s'inclina deux fois, puis se releva en disant : « Deux fois j'ai été chassé de mon pays de Lou ; j'ai eu l'interdiction de mettre les pieds dans la principauté de Wei ; à la principauté de Song on a coupé l'arbre sous lequel je m'étais assis ; j'ai été assiégé entre Tch'en et Ts'ai. Quelle erreur ai-je donc commise pour subir ces quatre calomnies me concernant tout particulièrement ?

— Décidément, vous avez la tête dure, reprit le visiteur attristé, changeant de visage. Un homme avait peur de l'ombre de son corps et avait pris en horreur les traces de ses pas. Pour y échapper, il se mit à courir. Or, plus il fit de pas, plus il laissa de traces ; plus il courut vite, moins son ombre le quitta. S'imaginant qu'il allait encore trop lentement, il ne cessa de courir toujours plus vite, sans se reposer. À bout de forces, il mourut. Il ne savait pas que pour supprimer son ombre il lui aurait suffi de se mettre à l'ombre et que pour arrêter ses traces il lui aurait suffi de se tenir tranquille. Quel comble de sottise ! Vous ressemblez à cet homme, avec toutes vos recherches sur la bonté et la justice, vos distinctions entre l'identique et le différent, vos considérations sur les changements d'activité et de passivité, vos règles pour accepter et donner, votre souci d'ordonner les sentiments d'amour et de haine, votre tempérance qui tend à harmoniser le plaisir et la colère. Mais tout cela ne vous évitera guère (de tomber dans les huit vices et dans les quatre abus). Pour y échapper, mieux vaudrait cultiver attentivement votre personne, préserver avec soin votre vérité et laisser à autrui vos biens. Si au lieu de cultiver votre propre personne vous cherchez le bien des autres hommes, ne vous écartez-vous pas ainsi de votre tâche propre ?

— Qu'entendez-vous par vérité ? demanda Confucius.

— La vérité, répondit le visiteur, c'est la sincérité parfaite. Quiconque n'est pas sincère ne peut agir sur autrui. Qui se lamente de force, sa tristesse n'apitoie personne. Qui a une colère forcée, son regard sévère n'en impose pas. L'amour forcé a beau sourire, il n'adoucit rien. La vraie tristesse est muette, c'est elle qui apitoie. La vraie colère n'éclate pas, c'est elle qui en impose. Le vrai amour ne sourit pas, c'est lui qui adoucit. Seule la vérité intérieure fait agir l'âme à l'extérieur. C'est ce qui fait le prix de la vérité.

« Son utilité est de mettre chaque chose à sa place parmi les hommes. Le fils vrai sera affectueux et pieux envers ses parents ; le vrai ministre sera fidèle et loyal envers son prince ; le vrai buveur sera content et joyeux ; le vrai endeuillé sera triste et pitoyable. Pour le ministre fidèle et loyal, la chose essentielle est de bien mériter ; pour le buveur, de bien s'amuser ; pour celui qui est en deuil, de s'attrister ; pour celui qui sert ses parents, de les satisfaire. L'excellence des mérites ne comporte pas de manifestations identiques. Pour le fils qui veut satisfaire ses parents, peu importent les moyens ; le buveur qui cherche son plaisir ne choisit pas son ustensile ; l'homme en deuil pour manifester sa tristesse ne s'occupe pas des rites funèbres. Les rites sont quelque chose de fabriqué par les hommes vulgaires. La vérité, elle, nous la tenons du ciel ; elle est naturelle et invariable. C'est pourquoi le saint s'inspire du ciel, fait cas de la vérité et ne se laisse pas emprisonner par la convention vulgaire. Le vulgaire, au contraire, est incapable de s'inspirer du ciel ; il n'a souci que de l'homme.

Il ne sait donc pas faire cas de la vérité ; mais suit la mode changeante de la convention vulgaire. C'est pourquoi il demeure toujours défectueux. Quel dommage que vous ayez été plongé si tôt dans l'hypocrisie et n'ayez entendu que si tard parler du grand Tao. »

Confucius s'inclina deux fois, puis se releva en disant : « C'est pour moi une faveur du ciel que de vous avoir rencontré ! Ah, maître, daignez me ranger parmi vos serviteurs et m'instruire vous-même. Dites-moi, s'il vous plaît, où vous demeurez et je me permettrai d'aller recevoir vos leçons et d'apprendre pour mener à bonne fin l'étude du grand Tao.

— Non, dit le visiteur, car l'adage dit : "Ne va jusqu'au mystère du Tao qu'avec celui qui est capable de te suivre ; n'y va pas avec qui est incapable de te suivre. Garde-toi de le lui révéler, et tu seras sans reproche." Efforcez-vous bien, je vous quitte ! »

Cela dit, le visiteur donna un coup de gaffe et disparut le long des roseaux.

Yen Yuan fit tourner le char ; Tseu-lou présenta la cordelette, mais Confucius ne tourna pas la tête. C'est seulement lorsque le sillage de la barque fut entièrement aplani et que le bruit de la gaffe ne parvint plus à son oreille qu'il osa prendre place sur le char.

Tseu-lou, qui suivait à côté du char, lui demanda : « Maître, voilà longtemps que je vous sers, jamais je n'ai vu personne que vous ayez rencontré vous inspirer autant de crainte respectueuse. Reçu par le Fils du Ciel de dix mille chars et des seigneurs de mille chars et traité par eux en égal à leur cour, vous avez toujours été dédaigneux et hautain. Et voici qu'aujourd'hui devant ce vieillard qui se tenait tout droit devant vous appuyé sur sa gaffe, vous avez fléchi vos reins à angle droit et vous vous êtes incliné deux fois avant de lui répondre. Ces témoignages de vénération n'avaient-ils pas quelque chose d'excessif ? Tous vos disciples en sont surpris. À quel titre ce vieux pêcheur était-il digne de pareille démonstration ?

— Décidément, Yeou, tu as la tête dure, soupira Confucius penché sur la barre d'appui. Voilà longtemps que tu t'es plongé dans l'étude des rites et des devoirs, mais jusqu'ici ton esprit grossier ne t'a pas quitté. Approche, je vais te dire. Ne pas vénérer un vieillard, c'est manquer aux rites. Ne pas honorer le sage, c'est ignorer l'idéal de l'humanité. Si ce pêcheur n'était pas un homme parfait, il ne pourrait pas faire qu'un autre homme s'abaisse devant lui ; et si celui-ci s'abaisse sans conviction sincère, il manque à la vérité et se porte à lui-même un préjudice durable. Il n'y a pas de plus grand malheur que d'ignorer l'idéal de l'humanité. Tu es seul à te réserver cette faute. D'ailleurs, le Tao est ce dont tous les êtres émanent. Qui le perd mourra, qui le possède vivra, qui agit contre lui échouera, qui agit selon lui réussira. Le devoir du saint est d'honorer le Tao partout où il le rencontre. Or, on peut certes dire que le vieux pêcheur le possède. Comment aurais-je osé ne pas l'honorer ? »

Ciel et terre	9
La voie du ciel	33
Joie suprême	51
Avoir une pleine compréhension de la vie	65
Discours sur l'épée	85
Le vieux pêcheur	93

COLLECTION FOLIO 2€

Dernières parutions

5128.	Grégoire Polet	*Petit éloge de la gourmandise*
5129.	Paul Verlaine	*L'Obsesseur* précédé d'*Histoires comme ça*
5163.	Akutagawa Ryûnosuke	*La vie d'un idiot* précédé d'*Engrenage*
5164.	Anonyme	*Saga d'Eiríkr le Rouge* suivi de *Saga des Groenlandais*
5165.	Antoine Bello	*Go Ganymède !*
5166.	Adelbert von Chamisso	*L'étrange histoire de Peter Schlemihl*
5167.	Collectif	*L'art du baiser. Les plus beaux baisers de la littérature*
5168.	Guy Goffette	*Les derniers planteurs de fumée*
5169.	H. P. Lovecraft	*L'horreur de Dunwich*
5170.	Léon Tolstoï	*Le diable*
5184.	Alexandre Dumas	*La main droite du sire de Giac* et autres nouvelles
5185.	Edith Wharton	*Le miroir* suivi de *Miss Mary Pask*
5231.	Théophile Gautier	*La cafetière* et autres contes fantastiques
5232.	Claire Messud	*Les Chasseurs*
5233.	Dave Eggers	*Du haut de la montagne, une longue descente*
5234.	Gustave Flaubert	*Un parfum à sentir ou Les Baladins* suivi de *Passion et vertu*
5235.	Carlos Fuentes	*En bonne compagnie* suivi de *La chatte de ma mère*
5236.	Ernest Hemingway	*Une drôle de traversée*
5237.	Alona Kimhi	*Journal de Berlin*
5238.	Lucrèce	« *L'esprit et l'âme se tiennent étroitement unis* ». Livre III de « *De la nature* »
5239.	Kenzaburô Ôé	*Seventeen*

5240. P. G. Wodehouse — *Une partie mixte à trois et autres nouvelles du green*
5290. Jean-Jacques Bernard — *Petit éloge du cinéma d'aujourd'hui*
5291. Jean-Michel Delacomptée — *Petit éloge des amoureux du Silence*
5292. Mathieu Térence — *Petit éloge de la joie*
5293. Vincent Wackenheim — *Petit éloge de la première fois*
5294. Richard Bausch — *Téléphone rose et autres nouvelles*
5295. Collectif — *Ne nous fâchons pas ! ou L'art de se disputer au théâtre*
5296. Robin Robertson — *Fiasco ! Des écrivains en scène*
5297. Miguel de Unamuno — *Des yeux pour voir et autres contes*
5298. Jules Verne — *Une fantaisie du Docteur Ox*
5299. Robert Charles Wilson — *YFL-500* suivi du *Mariage de la dryade*
5347. Honoré de Balzac — *Philosophie de la vie conjugale*
5348. Thomas De Quincey — *Le bras de la vengeance*
5349. Charles Dickens — *L'embranchement de Mugby*
5350. Épictète — *De l'attitude à prendre envers les tyrans*
5351. Marcus Malte — *Mon frère est parti ce matin...*
5352. Vladimir Nabokov — *Natacha et autres nouvelles*
5353. Arthur Conan Doyle — *Un scandale en Bohême* suivi de *Silver Blaze. Deux aventures de Sherlock Holmes*
5354. Jean Rouaud — *Préhistoires*
5355. Mario Soldati — *Le père des orphelins*
5356. Oscar Wilde — *Maximes et autres textes*
5415. Franz Bartelt — *Une sainte fille et autres nouvelles*
5416. Mikhaïl Boulgakov — *Morphine*
5417. Guillermo Cabrera Infante — *Coupable d'avoir dansé le cha-cha-cha*
5418. Collectif — *Jouons avec les mots. Jeux littéraires*
5419. Guy de Maupassant — *Contes au fil de l'eau*
5420. Thomas Hardy — *Les intrus de la Maison Haute* précédé d'un autre conte du Wessex
5421. Mohamed Kacimi — *La confession d'Abraham*
5422. Orhan Pamuk — *Mon père et autres textes*
5423. Jonathan Swift — *Modeste proposition et autres textes*

5424. Sylvain Tesson	*L'éternel retour*
5462. Lewis Carroll	*Misch-Masch* et autres textes de jeunesse
5463. Collectif	*Un voyage érotique. Invitations à l'amour dans la littérature du monde entier*
5464. François de La Rochefoucauld	*Maximes* suivi de *Portrait de La Rochefoucauld par lui-même*
5465. William Faulkner	*Coucher de soleil* et autres Croquis de La Nouvelle-Orléans
5466. Jack Kerouac	*Sur les origines d'une génération* suivi de *Le dernier mot*
5467. Liu Xinwu	*La Cendrillon du canal* suivi de *Poisson à face humaine*
5468. Patrick Pécherot	*Petit éloge des coins de rue*
5469. George Sand	*La château de Pictordu*
5470. Montaigne	*De l'oisiveté* et autres Essais en français moderne
5471. Martin Winckler	*Petit éloge des séries télé*
5523. E.M. Cioran	*Pensées étranglées* précédé du *Mauvais démiurge*
5524. Dôgen	*Corps et esprit. La Voie du zen*
5525. Maître Eckhart	*L'amour est fort comme la mort* et autres textes
5526. Jacques Ellul	*« Je suis sincère avec moi-même »* et autres lieux communs
5527. Liu An	*Du monde des hommes. De l'art de vivre parmi ses semblables*
5528. Sénèque	*De la providence* suivi de *Lettres à Lucilius (lettres 71 à 74)*
5529. Saâdi	*Le Jardin des Fruits. Histoires édifiantes et spirituelles*
5530. Tchouang-tseu	*Joie suprême* et autres textes
5531. Jacques De Voragine	*La Légende dorée. Vie et mort des saintes illustres*
5532. Grimm	*Hänsel et Gretel* et autres contes

Composition Nord Compo
Impression Novoprint
à Barcelone, le 10 janvier 2013
Dépôt légal : janvier 2013

ISBN 978-2-07-045063-3/Imprimé en Espagne.

248349